小さなお店・会社が一人勝ちできる お金をかけない 販促の反則技

すぐに結果が出る集客&売上アップ術

33

石橋拓也
Takuya Ishibashi

現代書林

はじめに

今から15年ほど前、千葉県のとある広告会社に勤めていた私は、自社の発行するフリーペーパーの営業をしていました。

広告会社といっても、当時はインターネットもろくに普及していなかった時代です。私の仕事は、フリーペーパーの広告枠を売ることと、お客さまである千葉のいろいろな店舗のチラシやDMなどの印刷物を受注することでした。

その当時、私の勤めていた千葉県では、広告といえば「新聞折込チラシ」。ですが、どんな小さなチラシでも、デザインし、印刷し、新聞折込をすれば、1万枚で約20万円。反響を出そうと思えば、30万円、50万円と必要な時代でした。

にもかかわらず、**若い世帯を中心に新聞の購読数が減少し、だんだんとチラシの反響が減ってきていたのです。**どの企業も、広告費だけがかさむばかりで思うような効果が表れず、ジリ貧状態にありました。

一方、フリーペーパーは月1回の発行ですが、1回の掲載料金は平均で10万円ほど。一番小さな枠でも5万円前後と、チラシに比べれば安価でした。その効果はといえば正直まちまちで、大当たりしてお客さまに喜ばれることもあれば、まったく反響がなくて怒られることも。そんなギャンブルのような広告でしたが、それでも掲載してくれるお客さまは少なからずおり、私も張り切ってたくさんのお店に売って回っていました。

そんなある日、**小さな飲食店のオーナー兼店長さんに、集金に伺ったときのことです。前回のフリーペーパーでは、5万円の小さな枠に広告を掲載してくれました。ですが、残念ながら反響はまったくなかったとのことでした。**

「今回は枠が小さかったですし、タイミングも悪かったのかもしれませんね」

反響が出なかったときの常套句です。そんな台詞をうそぶきながら、私は5万円を請求しました。

するとそのオーナーさんは、お尻のポケットから財布を取り出し、苦々しい顔をしながらしわくちゃの1万円札を5枚、私に手渡してきたのです。

私はそのとき、はっと気づきました。私はそれまで、「企業の広告費」ならば5万円なんて大したことのない金額だと考えていたのです。ですが**目の前にいるこの人にとっては、今日の売上が収入そのものであり、仕入れも広告費も、お店のために必要なお金はその財布から出ていくものなのだと気づかされました。**

私は自分が売った広告で、この店に一人も連れてくることができなかった。それは、私を信じてオーナーさんが預けてくれた5万円を、ギャンブルに賭けてすってしまったのと同じでした。その5万円を見たときに私は、お客さまのお金をなんて軽く考えていたのだろう、と激しく後悔しました。

それから私は一念発起して、販促とマーケティングの猛勉強をはじめました。なけなしのお金で、なんとかお店に人を集めたいと考えている地元の小さなお店のために、私ができることがあるはず。知識さえあればきっと役に立てると思い、雑誌や書籍で最新の広告事例を学びました。

ですが、どの雑誌や書籍も、採り上げている事例は大企業のものばかりでした。潤沢《じゅんたく》な予算を使って、CMとイベント、数々のメディアを連動させた事例。大々的なキャンペーンが成功し世の中にブームを巻き起こした事例……。どれも数千万円、数億円といった規模のプロモーションです。いずれも魅力的な企画ではありましたが、手法はとても参考にはなりませんでした。

私のお客さまは、フリーペーパーに掲載するのがやっとというような中小企業や、小店舗のオーナーばかりです。販促を覚えたての私が提案する企画に対して、興味を示してはいただけるものの、

「石橋君、その提案って、10万円くらいでなんとか実施できないかな？」

「実は今月の予算、５万円しかないんだよね」

と、どうしても予算がネックになってしまいます。

予算がなければ、何もできないのだろうか。

反響が出ないにもかかわらず、かといってチラシを配るのをやめるわけにもいかず、泣く泣くチラシを作り続けているお客さまに対して、何かできることはないのか。

５万円や10万円で、どうにかしてお店に人を集められないだろうか。

苦悶する日々の中で企画を作り続け、コンパクトな予算にまとめるために不要なものを削いでいくという作業を繰り返すうち、私はだんだんと「法則」のようなものに気づいていきました。

それは、どんな商品やサービスであれ、それが反社会的なものでなければ、今まさにノドから手が出るほど欲しがっている人は必ずいるのだ、ということ。

当たり前のことだろう、と思われるでしょうが、広告はもともとばら撒《ま》くことを基本とするものです。

それを象徴する言葉として、**広告業界には「センミツ」という業界用語があります。チラシを１０００枚配ったら、ちゃんと見てもらえるのはそのうちたった３枚だという意味なのです。つまり、９９７枚は無駄にしていることになります。**ひどく衝撃的な数字ですが、残念ながら体感としてはそれほど外れてもいないと思います。

ですが、ここにこそチャンスがあるかもしれない、と私は考えました。

もしも、**ちゃんと見てくれる3人が誰なのかがわかっていたとしたら、配るチラシは、たったの3枚で良いということになります。**

どうにかして、その3人を見つけ出し、そこにチラシを届けられないだろうか。

苦悶の末に編み出した販促手法の多くは、こういった夢のような発想からスタートしています。ですが実際、実践してきた販促手法の中には、確実にターゲットだけをとらえ、それを見た人の心に呼びかけ、驚くべき反響を生んだものが数多くあります。

本書では、それらをいくつかのグループに分類し、紹介することで、同じように集客に苦しんでいるすべての企業・店舗のお役に立てればと考えています。特に、大きな予算を持たない中小企業・店舗の方にこそ活用していただきたいアイデアを網羅しました。私の本分は、そういった方々をお助けすることにこそあります。ですから、それこそ街のフリーペーパーに掲載するくらいの金額で実施できるものばかりです。

お金をなるべくかけませんから、複雑なシステムを使用したり、高いデザイン性を必要としたりといった販促ではありません。どれも、もともとはほんの小さな工夫や気づきをもとに生まれたものですので、手軽に実施していただけると思います。

ですが、その効果には自信があります。

私は販促のアイデアを思いつくと、家族や友人、会社の同僚、その他たくさんの人に、「こういった広告が届いたら、あなたはそのお店に行きたくなるか？」と尋ねて回ります。そして、行きたくならない、という答えが返ってきた場合、それはなぜかと質問しました。理由は実にさまざまで、これだけで本が書けるのではないかと思うくらいです。

そもそもその商品・サービスがよくわからない。興味がない。よく知らないお店に行きたくない。お店の雰囲気がわからない。もっと高い商品を買わされそうで嫌だ。安いものは品質が良くなさそうだ。他に行きつけのお店がある。単純に面倒くさい……。

消費者には、心理的なハードルがあるのです。

それを上回るだけの何かが提供できているかどうかを、私は常に自分自身に問いかけるようにしていました。

自分だったら、自分の財布からお金を取り出して本当に払うだけの価値があるように見えるのか。問い合わせの電話をかける勇気が出るだろうか。わざわざ出かけていくだけの理由があるのか。たくさんの質問と自問自答を繰り返し、自分ですら思わず興味をそそられてしまうような販促だけを提案してきました。

安くて、手軽で、でもしっかりと効果がある、まるでファストフードのような「ファス

ト販促」。これこそ、中小企業・店舗に求められている販促のスタイルだと私は確信しています。

同じく、お金をかけない販促として注目されているのが、Ｗｅｂの活用です。現在は誰もがホームページやＳＮＳで情報発信をする時代になり、コミュニケーションのあり方は変わってきています。私自身、現在は都内でスカイプレジャー株式会社として、企業の販促やデザイン、ブランドづくりのお手伝いをしていますが、主戦場はＷｅｂの舞台になりつつあります。

ですが**Ｗｅｂの世界はあまりに広大で情報量が多いため、情報が埋もれやすいという弱点も持っています**。

中長期的なコミュニケーションやブランドづくりには効果を発揮しても、たとえば「今すぐ集客したい、そうでなければ来月つぶれてしまうかもしれない」といった切羽詰まった状況にはあまり向いていないかもしれません。早く効果を出したいときに、さほど時間をかけずに実施できるのも「ファスト販促」の魅力と言えます。

ＷｅｂやＳＮＳの活用方法については世の中にたくさんの良書があふれていますので、それらはあえて省くことにしました。

そのぶん、せっかく本書を手に取っていただいた方のために、ちょっと変わった販促手法をたくさん詰め込んでいます。

予算の少なさをアイデアでカバーしたものばかりですので、「えっ、こんなのアリ？」と驚かれるものもあるかもしれません。ですが、実際の成功事例についても多く触れていますので、ぜひエピソードを読みながらご自身の商品・サービスと重ね合わせ、想像しながら読み進めてみてください。読み終えたころには、きっとどれから実践しようかと悩まれるはずです。

あなたの企業・お店の販促が、早く・安く成功されることを心から願っております。

石橋拓也

２０１７年７月

小さなお店・会社が
一人勝ちできる
お金をかけない

販促の反則技33

目次

Part 1 新規のお客さまがガンガン集まる販促技

Part 2 新規客をたちまち固定客にしてしまう販促技

Part 3

客単価を上げ、売り上げをアップさせる販促技

Part 4

ちょっとした工夫で売り上げが倍増する販促技

Part 5
まだまだある！売れ続ける仕組みをつくる販促技

本書の活用について

それぞれの業種で特におすすめの「販促の反則技」を、一目でわかるように表示しています。

ぜひ参考にしてください。

- 食 飲食店
- 売 小売店
- 美 美容室
- 学 学習塾・スクール
- 治 治療院
- エ エステサロン
- 住 住宅会社
- リ リフォーム会社
- 不 不動産会社
- 士 士業
- ア アミューズメント業
- 生 生活サービス業

Part 1

新規のお客さまがガンガン集まる販促技

お金も時間もある公務員だけを狙う市役所オフィスサンプリング

食売美学治工住リ不士ア生

現代は格差社会と言われています。貧富の差は広がり、高額な商品や嗜好品に迷わず手を伸ばせるのは一握りの富裕層のみ、中流以下は爪に火をともすような努力をしなければ高価な商品を得ることはできない時代になってしまいました。

そんな時代にあって、不動産や高級車、ハイクラスな会員制のサービスなどを売るためには、いったい誰に広告を届ければ良いのでしょうか。

私が注目したのは、公務員です。

今や公務員は憧れの職業ランキングにも入るなど、その安定性の高さに人気が集まっています。

そして、公務員であれば、職業的な理由でローンの審査が通らないということはまずあり得ません。安定的な収入があるということは、安定的に消費できるということでもあるのです。

さらに、公務員にはもうひとつ、大きな特徴があります。夜遅くまで市民のために残業されている公務員の方には頭が下がる思いですが、一般的には公務員は、民間企業と比較して残業時間が短いといえます。つまり、余暇時間が多いのです。

時間があるから、アフター5に軽く飲みにでも行こうかと考えることも多いでしょうし、ちょっとショッピングに出かけたり、習い事やフィットネスに通ったりといった時間も取れるでしょう。実際に市役所や県庁から駅までの道には、職員をターゲットにした小さな居酒屋や飲食店が軒を連ねているものです。

余暇が多いということは、消費の機会が多いということになります。公務員は、「消費者」として非常に優良な層であるといえます。

それだけ優良な消費者である公務員を、狙わない手はありませんよね。

さて、どう攻めたものか……。市役所や県庁の前でチラシをサンプリング（配布）する？いや、絶対に許可が下りないでしょう。

では駅までの通り道ではどうか？　それでは誰が公務員かわかりませんし、そもそも手配りで受け取ってくれるのは10人に1人くらいのもので、あまりに非効率といえます。

実は、あまり知られていませんが、**「市役所のオフィス内で営業活動をする権利」**というものが存在しているのです。しかも、職員に対して有益であるものに限るという条件はありますが、基本的には申請さえすれば誰でも実施できます。

昼食時に、保険の外交員さんなどがオフィスなどで営業活動を行うのは珍しい光景ではありませんが、市役所におけるそのルートを応用した形です。実際に私がこのルートに着目したのも、保険外交員の方が、オフィスと同様に市役所でも営業していることを知ったからです。

実際に申請してみると、驚くべきことに、本当にカウンターの中まで入ることができました。

ただし、ほとんどの市役所では「昼食時の1時間だけ」というルールがあります。ですが本来、**広告は対象がリラックスしているときのほうが見てもらいやすいもの**ですから、この条件はむしろありがたいことでした。

チラシを持った私がおそるおそる入っていくと、職員の方々は気にも留めない様子で昼食をとっています。昼食時とはいえ、さすがはお役所というべきか、私語もあまりなく静かなオフィスです。

私がチラシを手渡すと、皆「ああ」「うん」といった短い返事ながらも、広告を見てくれているのがわかりました。

中には箸を持たないほうの手で広告を手に取り、まじまじと眺めながらお弁当を食べる人や、「これってどこの広告?」と聞いてくださる方もいます。

離席している場合には、空いている机の上に広告を置いておくことにしました。こうしておけば、戻ってきたときに必ず目に留まるでしょう。

これは大当たりしました。

市役所で働いている職員は、多くても千数百人。使うチラシは1000枚程度。新聞折込やポスティングだとしたら、あっという間になくなってしまう枚数です。

ですが、今回はその1000枚が必ず公務員に届きます。しかも、直接手渡しできるのですから、効果は段違いです。

ちょっと金額の高い商品、他よりも少し品質の良いサービスを提供する店舗、ビジネスマン向けまたはファミリー向けの商品を扱っている企業は、ぜひ活用すべき手法です。

冒頭にも書きましたが、よほど品質の悪いものでなければ、その商品を求めている人は必ずどこかにいるのです。ただ、その人のところに情報が伝わっていないだけなのだということを、最も私が実感した販促技です。

市役所オフィスサンプリングの事例

もともと私が公務員に注目したのは、ある不動産会社の方から、こんな愚痴を聞かされたことがあったからです。

「広告を出してもなかなか問い合わせがなくて困ってたんだけど、先日あるご家族が家を買いたいと来店してくれたんだ。ご紹介した物件のうちのひとつを気に入ってくれて、いざ契約というときになって、事前のローン審査で銀行から思うような融資を得られなくてね。結局そのご家族は、住宅購入を諦めてしまった。実は今、多いんだよ。そういうケース。せっかく広告を出して、やっとの思いでお客さまを集めても、ローンが組めなくて買ってもらえないなんてお金の無駄だよ」

不動産広告は、商品が高額で買い手の絶対数が少ないだけに、最も広告費のかかるビジネスのひとつです。10万枚のチラシを配布して、反響がゼロだとか1件だとかといった結果もよくあることで、見込み客が2～3件もくれば上々といった有様でした。

そんな中、あるマンション販売会社から、「数十万枚のチラシを新聞折込しても、いっこうに見込み客が来てくれない」との相談を受けました。私たちはチラシを5000枚だけお預かりし、いくつかの販促手法を試したところ、3件成約し、約1億円の売上を生んだこともありました。詳しくは後述しますが、そのとき私が実施したいくつかの販促のうちひとつは、この市役所オフィスサンプリングです。

市役所オフィスサンプリングは、特に不動産や高級車など、高額の商品に対しては爆発的な効果がみられました。さらに、市役所をひとつのオフィスビルだと思えば、ビジネスマンをターゲットとする近隣の店舗にはすべて応用できるはずです。

実施にあたってのポイント

担当部署は、庁舎の管理を行っている課（管財課・庁舎管理課・総務課など）か、職員の福利厚生を担当している課（総務課・人事課など）であることが多いです。まずは電話で、昼休みに職員に対して広告を配布したい、と率直に伝えれば、担当部署につないでもらえるはずです。

市役所によっては、制度自体が存在しないこともあります。また、事前に会社として業者登録が必要であったり、配布する広告のサンプル提出を求められたりすることも。いきなりチラシを持っていっても配れないことも多いので、必ず確認しておきましょう。

安定収入のあるニューファミリー層だけを狙う社宅・公務員宿舎ポスティング

食 売 美　学 治 工　住 リ 不　士 ア 生

「社宅」と聞くと、どのようなイメージを持たれるでしょうか。小さな集合住宅で、隣近所は同僚や上司、プライバシーもあまりない……。ステレオタイプなイメージはそんなところで、あまり良い印象でないかもしれません。

ですが、それは住む側の話。**広告を届けるターゲットとしては、こんなに住人の属性がわかりやすい場所は他にありません。勤務先という、ある意味「個人情報」を公開しているのも同然**だからです。企業名がわかれば、その生活水準も（ある程度ではありますが）おおよそ想像できます。

日本全国で社宅や独身寮が多く建てられたのは、まさに高度経済成長期。従業員の生活を支援し仕事に邁進してもらうため、企業による福利厚生の一環として増えていきました。企業にとっては従業員の囲い込み施策であるとともに、設備投資でもあり、不動産投資という側面もありました。

ところが、バブル崩壊後は一転してその固定費がのしかかり、企業の経営を圧迫するよ

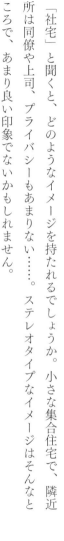

うになってしまいました。今ではその数はずいぶんと減りつつあります。

ですが、逆に考えれば、今でも社宅制度を維持している企業は経営的にも良好で、資本力のある企業ばかりであると言えないでしょうか。これは、リストを調べてみると大手企業の名前を多く目にすることができ、容易に実感できます。

前述の通り、社宅はその「企業名」と「住所」が一致した形で公開されています。さらに、その住人はある程度安定的な収入を得ていそうです。

住人の特徴を絞り込む要素は、これだけではありません。皆さんは、「社宅」と「独身寮」の違いをご存じでしょうか。独身寮がその名の通り独身者向けであるのに対し、社宅は基本的に既婚者向けの住宅として建てられています。

既婚者といっても、社宅にはあまり年配の世帯は住んでいません。社宅はほとんどの場合、比較的小さな集合住宅です。築年数も古く、優良企業の従業員が満足して住み続けていられるようなところではないケースが多いのが実情です。

比較的安定した収入を得ているにもかかわらず、家賃が非常に安い社宅に住んでいる既婚者の世帯。当然、可処分所得が増えていきます。

社宅のある住所を実際に見てみると、びっくりするような高級車が停められていることもあります。ですが、基本的に彼らはその所得を貯蓄に回しているようです。なぜなら、社宅は「安い社宅に住んで貯蓄をし、マイホームを買って社宅を出ていく」という利用をされてきたからです。

だからこそ、ある程度住み続けることで貯蓄を増やしたり、年功序列で昇進・昇給により年収がアップしたりと、家計が潤うことで社宅を出ていく世帯が多いため、必然的に社宅に住んでいる世帯は比較的若い世代の既婚者ということになります。

話を整理しましょう。**社宅に住んでいる層は、「優良企業に勤務していて、安定的な収入を得ており、いずれマイホームを購入したいと考えている若い世代の既婚世帯」です。不動産の広告ターゲットとして、これ以上ないくらいぴったり**だと思いませんか。それに、教育関連、金融、保険などの「未来への投資」も需要が見込めそうです。

もうひとつ、似た属性を持つ住宅として、「公務員宿舎（官舎）」があります。宿舎、官舎という名前ですが、公務員向けの住宅です。

省庁などの国家公務員宿舎をはじめ、県庁・市役所職員のためのもの、警察や消防、水道局、公営企業など、多くの官公庁で公務員宿舎が利用されています。こちらも属性としては社宅と同様で、勤務先・収入の安定性としては文句無しの公務員であり、やはり家賃補助があることから可処分所得は高いということになります。

今は若者にお金が集まらない時代。それでも、結婚して子どもが生まれれば、手狭になったアパートからマイホームへと夢を描きたくなるものです。不動産会社の方に、今、不動産を買ってくれる20代・30代とはどんな層なのかと質問してみた際、その方はこう答えました。

「そうですね、大手の企業に勤めてて安定している人とか……あとは公務員とかかな」

それをヒントに、どうにか彼らに広告を届けられないかと開発したのが、社宅・公務員宿舎ポスティングなのです。

「今、まさに家を買いたいと考えている人」を引き当てるのは容易なことではありません。さらにその中で、自社の商品に魅力を感じていただける人……となると、その確率はさらに少なくなります。社宅・公務員宿舎へのポスティングは、その確率をぐっと引き上げることができる手法なのです。

実際に、私がある地域での社宅のリストを収集してみると、錚々《そうそう》たる大手の企業名ばかりが並んでいました。まさに宝の山です。

しかし、社宅や公務員宿舎は「リスト」という形で入手できるわけではありません。私は、**地道なインターネット検索や地図検索、資料閲覧などを利用し、担当エリアでの「社宅・公務員宿舎リスト」を完成させていった**のです。しかし、それだけの価値がこの社宅・公務員宿舎ポスティングにはあります。

社宅・公務員宿舎ポスティングの事例

ある大手系のマンション販売会社では、毎週のように10万枚のチラシを新聞折込で配布していました。10万世帯です。冒頭で紹介した「センミツ」の法則で言えば、1000分の3ですから300人が来場もしくは資料請求してくれる計算になります。

ですが、実際の来場は毎週ほとんどゼロに等しい状態でした。そもそも**不動産は、新聞折込での集客が厳しくなりつつあります。新聞購読層と、不動産購入層の年代がかけ離れてきているためです。**また、毎週のように折り込まれるチラシには「またか」と飽きられてしまう感も強く、最初はちらほらとあった反響も徐々に無くなってしまっていました。

そこで、「社宅・公務員宿舎ポスティング」と前述の「市役所オフィスサンプリング」を提案しました。ですが、大手の会社ですので私たちのような小さな広告会社の提案には懐疑的で、なかなか重い腰を上げようとはしませんでした。

「わかりました。それでは、チラシの余りを5000部だけ私にください。効果を実感していただくために、その5000部を私が配ります」

私はいただいたチラシを市役所でサンプリングするとともに、同僚に手伝ってもらいながら社宅と公務員宿舎を一軒一軒回り、願いを込めて配りました。残ったチラシは、沿線の賃貸アパートを狙って配っていきました。とはいえ、わずか3時間の作業です。

そして次の週、営業マンが反響を尋ねると、こんな答えが返ってきたそうです。

「来たよ、お客さまが来た！　いったいどんな方法を使ったの？」

ご担当の方が驚くのも無理はありません。なんと30件の反響があったそうです。のちにその中から、3000万円以上のマンションが3件ほど成約に至ったと聞きました。

実施にあたってのポイント

実施にあたっては、ターゲットエリアでの社宅・公務員宿舎リストを作成しなければなりません。インターネット検索や地図検索に頼るのが最も簡単ですが、一覧になって載っていることはまずありませんので、地道な作業になります。ですが、一度作ってしまえば「宝の地図」になり得るものです。

また、配布についても努力が必要となります。社宅や公務員宿舎だけにピンポイントで配布していくので、ポスティングというよりは郵便配達員のような配布方法になります。手当たり次第に配布していくローラー作戦のようなやり方ができないため、効率が悪いと感じるかもしれません。ですが、急がば回れ、この方法こそが成果への最短ルートです。

自動的にクチコミを起こす食べきれないお土産キャンペーン

食　売
住　リ　不
生

販促を行う上では、人間の心理や欲求を理解することが非常に重要です。心理学や行動経済学はマーケティングの役に立ちますし、こういった「ウラ技」を考えるヒントになります。たとえば、私たちは人間の三大欲求である食欲・性欲・睡眠欲に囚われながら生きています。

なかでも日本人は「食」に対してのこだわりが強いと言われています。日本では世界中の料理を楽しむことができますし、日本食の独特な食文化は海外からも注目されています。販促においても、「食」を絡めた販促にはハズレがないと言われています。

本書をお読みのあなたが飲食業の方であれば、最も簡単な集客方法は「ふるまい」、つまり食料品そのものを無料配布することです。もしも広告費に5万円かけられるのであれば、5万円分の商品を無料で配ることもできるはずです。

それ自体を広告費、つまり販促品だと思っていただければ結構です。実際のところ、5万円分の食料品の原価は1万円から2万円程度でしょうから、コストで考えれば「ふるまい」のほうがお金はかからないということになります。

ですが、ただやみくもに配るのでは売上につながりませんし、お客さまは配布物を受け取ったらすぐに離れてしまいます。それどころか、商品自体の価値を下げてしまうことにもなりかねません。

「ふるまい」は、本当にふるまいたい場面でのみ行うようにしましょう。イベントの集客を行いたい場合や、周年記念などで地域の方々に純粋な感謝を示したい場合です。

飲食業でない方にとっては、「ふるまい」は純粋な集客手段です。そして、その効果は強力です。大鍋での温かい汁物や、焼きそばなど定番の焼き物、手に持って歩けるようなものは、「ふるまい」に向いています。

それから夏であれば縁日の屋台メニュー、冬であればお雑煮やお汁粉などは喜ばれます。そういった食事の無料提供は、お客さまを呼び、イベントを活性化させます。自動車販売店や住宅メーカーなど、来店する敷居の高い商品の販促にはイベントの中に「ふるまい」を仕込んでおくと良いでしょう。

さて、話を飲食業に戻します。飲食業の方にとっては、食料品は商品そのものですから、無料でバラまくという手法に抵抗のある方も多いでしょう。そこでおすすめするのが、「ふるまい」ではなく「試食」です。

試食というからには、理由が必要です。新しいメニューができた、季節メニューが登場した、お店自体が新規オープンである……という具合です。その理由をつけて、日時限定で試食イベントを行います。時間帯はお昼をおすすめします。

来店したお客さまに対し、簡単なアンケートを依頼します。試食の内容に関することや、お店のこと、何でもかまいません。ですが、今回はアンケート自体が目的ではありませんので、お客さまの負担にならないように簡単な内容にとどめましょう。

アンケートに答えてくれたお客さまには御礼として、「お土産」をお渡しします。お土産はもちろん、持ち帰りできるものにしなければなりませんが、いくつかポイントがあります。**「なるべく個数を多くすること」**、そして、**「絶対に一人では食べきれないであろう量にすること」**です。

お客さまにとってあなたのお店は、「無料で食事を提供してくれて、ちょっとしたアンケートに答えただけで多すぎるほどのお土産をくれたお店」になります。

もしその食事がお客さまの舌を満足させるものであったならば、その評価はすこぶる良いものになるでしょう。お客さまの予想を超える「ワンダーなおもてなし」をすることで、お客さまはあなたのお店のファンになります。

そして、「食べきれない量のお土産」に仕掛けがあります。貰《もら》った直後に、それが食べきれない量であることを悟ったお客さまは「さて、どうやってこの量を捌《さば》こうか？」と考えるはずです。そう、このお土産は、お客さまが食べきれないために「お裾分け」を行うことを想定した量なのです。

試食イベントの時間帯をお昼にするのは、このお裾分けを狙うためです。夜であればお客さまは帰宅してしまうので、ひと晩置かれたお土産は次の日にまわされるか、もったいない思いをされつつ捨てられてしまうかもしれません。

ですが、お昼であればどうでしょうか。

平日であれば、主婦の方なら近所の奥さまたちに配る時間があります。ＯＬ層は、ランチを終えて会社に戻るでしょう。お土産は会社の中に持ち込まれることになります。こうして、**半ば必然的に「お土産」を配ってもらい、クチコミを自動的に起こしていくのが「試食&お土産キャンペーン」です。**

これは日本人の「もったいない」心理を突いたキャンペーンと言えます。この必然的な感じが好きで、私はよくパン店などに提案しました。試食の威力は抜群なので、飲食業の方であれば一度トライして損はないはずです。

ちょっと先の将来に大きな利益が得られるワンコイン・フロントエンド

食 売 美
学 治 工
住 リ 不
士 ア 生

世の中にはいろいろなサービスがありますが、私たちの利用頻度はその業態によって大きく異なります。たとえばスーパーマーケットやコンビニエンスストアなどは、毎日のように使っている方も多いでしょう。

ですが結婚式場や葬儀会社、リフォーム会社などのように、一生のうちに数回使えば多いほう、という業態もあります。後者のような、比較的私たちと接点の少ない会社は、どのようにしてターゲットを見つければよいのでしょうか。

たとえば結婚式場のターゲットはいわゆる適齢期の男女ですが、カップルが結婚式場を探すのは一度きり、プロポーズ直後のわずかな間だけです。このタイミングを狙って広告を届けるのは至難の業です。

同じく、たとえば水まわりの修理や白アリ駆除、探偵事務所などの「困ったときに助けてほしいサービス」なども広告の難しい業態です。いつ水道管が壊れるかなんて、誰にもわかりません。たまたま水道管が壊れて部屋じゅうが水浸しになってしまっているときに、ポストに「水道トラブル解決します！」というチラシが入っている確率なんて、万にひとつもないといえるでしょう。それにそんな緊急時に、呑気にポストに入っていたチラシを眺めている余裕なんてないはずです。

利用頻度の少ない業態は、単価が高いのも特徴です。結婚式、葬儀、不動産、リフォーム、車……どれも高額商品ですね。だからこそ、たとえ当たりの少ないギャンブルであっても、たまたま当たりを引いた時の金額が大きいため、広告主はその少ない確率に賭けて広告を出し続けているのです。

ですが、もっと効率的なやり方があります。**ニーズが生まれる前の予備軍、いわゆる潜在顧客をつかまえておく方法です**。

ひとつ事例を出しましょう。車の整備を行う、ある会社の話です。

その会社は主に鈑金《ばんきん》を扱っていました。事故などによって傷ついた車の修理や、消耗によるパーツの交換、それと2年に一度の車検などが主な業務です。

鈑金というのは、前述した「困ったときに助けてほしいサービス」に該当します。これを読んでいるあなたが車の免許を持っているとしたら、はたして「行きつけの鈑金屋さん」はあるでしょうか？　大手のカー用品店かガソリンスタンド、もしくはディーラーに持ち込むという方がほとんどではないでしょうか。消費者にとって鈑金というサービスは、普段はまったく必要がないのです。

その鈑金屋さんも、とにかく売上を伸ばしたいと考えてはいたものの、チラシを撒いてもあまり反響がなく、どうしたら良いのかわからないという状態でした。

そこで提案したのが、**ワンコインでできるサービスを売ろう、というものでした。ガラスコーティングや洗車など、日常的に行うメンテナンスをワンコイン＝５００円で提供するものです。**いろいろな案を検討した結果、人件費以外のコストがそれほどかからず、インパクトが強いという理由で「手洗い洗車」にしました。

洗車は、車のメンテナンスの中で最も頻繁《ひんぱん》に行われるものです。そして、機械を使用せずにスタッフが手で洗い、拭き上げまでしっかりとしてくれる「手洗い」は通常、数千円程度するサービスです。それを５００円で実施することは、知らない鈑金屋さんに車を預けるという不安を払拭《ふっしょく》するだけのインパクトがあるものに思えました。

実際にこの試みは大成功を収めました。

お店には洗車を依頼する近隣のドライバーが殺到し、たちまち車でいっぱいになりました。スタッフたちは洗車に追われることにはなりましたが、たくさんのオーナーと知り合いになることができたのです。

メリットはそれだけではありません。サービスの特性上、洗車時には必ず車を預かることができました。スタッフは洗車の合間に車のボンネットを開けて点検を行い、消耗している箇所や交換すべきパーツの提案を行うことで売上を伸ばしていったのです。さらに、その車の車検時期や、買い替えを検討しているかどうかを知ることができ、車検の受注につなげることもできました。

車検や鈑金は数年に1回という程度の頻度ですが、洗車をするための場所として認識してもらえれば、来店頻度はかなり高くなります。そして、何度も会うことで「顔なじみ」になり、信頼感が上がるのです。心理学でいうところの「単純接触効果」にあたります。

頻度の高いサービスをフロントエンド（目玉商品）としてお客さまを集め、単純接触効果によって信頼を勝ち取り、いざという時に依頼されるべきポジションを確立する。一見遠回りに見えるかもしれませんが、野生の果実を探すよりも自分で栽培したほうが良いのと同じで、きわめて合理的な手法といえます。

しかし、意外と実施している店舗は少ないように思えます。ワンコインで実施するサービスの利益率の低さが、骨折り損のくたびれ儲けに見えるためでしょう。損して得を取る覚悟を持った方だけが、収穫の季節に果実を得ることができるのです。

逃げられない見込み客を攻めるプレイランド・サンプリング

食 売 美
学 治 エ
住 リ 不
士 生

現代は「若者の○○離れ」といった言葉があるように、消費の主役は中高年の世代が担っています。女子大生や女子高生が時代の流行をリードしていた時代と比べると隔世の感がありますが、とにもかくにも若者にとっては消費しにくい時代です。企業もこぞって復刻商品、○○周年記念など、「かつて若者だった世代」に向けてアプローチしています。

しかしながら、シニアと並んで人気の（?）年代があります。それは、ニューファミリー世代と呼ばれる「結婚して、小さな子どもがいる、20代後半～30代の家庭」です。

この世代は、結婚、出産、子育て、マイホームやマイカーの購入といったライフイベントが多く、いわゆる「物入り」な状態にあります。大きな消費が続くため、企業にとっては格好のターゲットというわけです。

そしてもうひとつ、彼らは行動パターンや価値観がわかりやすく、マーケティングの計画が立てやすいということも要因かもしれません。多くの夫婦は子どもを大事にしたい、なるべく良い環境で育てたいと思うでしょうし、子育てが楽になれば嬉しいと願うでしょう。そういった普遍的なニーズを叶える商品やサービスは、彼らの支持を得やすく、比較的売りやすいと言えます。

不動産会社、自動車販売店、学習教材・学習塾、保険会社、写真店……ニューファミリー世代を狙う業種は多くあります。ですが、この世代はインターネットに慣れており、情報収集力に長けています。そのため説得性の高い、ボリューム感のある広告が求められますが、それができるのは予算の潤沢な企業だけでしょう。

ホームページやランディングページを制作し、Webで勝負するという手もありますが、ここでは「ファスト販促」の名に相応しい、即効性のあるプロモーションをご紹介したいと思います。それが「プレイランド・サンプリング」です。

プレイランドとは屋内型の子ども向け遊び場のことで、最近では大型のショッピングモールには必ずと言っていいほど見かけるようになりました。

時間制を採用しており、子どもが一定時間を敷地内で過ごすことで料金が発生する仕組みです。たくさんの子どもが色とりどりの遊具で楽しそうに遊んでいるのをよく目にしますし、雨の降った日曜日などは入場制限がかかり長蛇の列ができることもあるほどの人気ぶりです。

さて、このプレイランドですが、親子で遊ぶこともできるものの、多くの親はプレイスペースに入らず、端のほうに設けられたテーブル席で子どもが遊んでいるのを眺めていることが多いようです。楽しい遊具と同年代の子どもに囲まれており、さらに保育士も一緒に遊んでくれるので、ずっと子どもの相手をしている親にとってはつかの間の休息とばかりに寛いでいるのでしょう。

とはいえ、両親が2人ともプレイランドを離れて買い物に行ってしまうわけにはいきません。少なくとも父親か母親、どちらかは目の届くところにいなければならないのが親のつとめです。実際にプレイランドを覗《のぞ》いてみると、所在なげにスマートフォンをいじっている親の姿が散見されます。

つまり、**彼らは動けないうえに、することがない、という状態にあります。この時間を狙って、じっくりとアプローチしようというのが「プレイランド・サンプリング」です。**

プレイランドの運営会社の中には、敷地内で広告活動を行っても良いという企業があります。もちろん利用料を支払う必要があるのですが、どう見ても自社のターゲットに違いないという方々がたくさんいて、しかも暇そうにしているような場所でPRできる機会などなかなかあるものではありません。ニューファミリーをターゲットにしているならば、最寄りのプレイランドに一度聞いてみることをおすすめします。

プレイランドでできるのは、サンプルの配布やアンケート、その謝礼として金券や割引券を渡すなどの活動です。

ふだんは広告的な営業を嫌う人であっても、閉鎖空間で声を掛けられていること（逃げられない、断ってしまうとその後が気まずい）、どう見ても暇そうな自分を見せてしまっていること（忙しいという断り文句が使えない）、何より時間を持て余している、などの理由から、通常の販促よりも簡単にアンケートに答えてくれたり、広告の説明を聞いてくれたりといった反応が高くなります。

たとえば街中で歩いているファミリーに広告を渡そうとしたとして、立ち止まって話を聞いてくれる確率がいったいどれほどのものか考えてみれば、しっかり話を聞いてくれるというだけで相当な広告効果だと言えるでしょう。

プレイランドにいる親たちのような「動けないターゲット」のことを、マーケティング用語で「囚われの聴衆」と呼びます。文字通り囚われの状態にある彼らには広告が届きやすく、効果が高いと言われています。

電車の中吊りやモニターが所狭しと広告で埋まっているのもそのひとつですし、エレベーターに貼ってあるポスターをつい注視してしまったり、あげくの果てにはトイレの便器の前にまで広告ポスターが貼ってあったり……。広告は、私たちの視線が止まるときにはいつも、入り込む隙を狙っているものです。

権利を失いたくない心理を突いた詰め放題容器ポスティング

食 売
住 リ 不
ア 生

スーパーマーケットや小売店のオープニングイベントで、「詰め放題」のイベントが行われることがあります。

主に野菜やお菓子、ちょっとした日用品などの場合が多いのですが、老若男女を問わず非常に人気のイベントです。とにかく強引に詰め込もうとする子どもたちや、あっと驚くような詰め方を編み出す主婦の方々などで盛り上がります。

詰め放題の魅力は、「自由」と「制約」のバランスが素晴らしいことです。

「放題」という、それはもう無限に獲得できそうな言葉の響きは、ものすごくお得な感じがして、興味をそそるのに十分です。ですが、実際にチャレンジする段になると、容器の制約があることに気がつきます。それでも、容器いっぱいに詰め込むことができれば相当お得であることは一見してわかります。そこで、結果は自分の努力と頭脳にかかっていることに思い至り、ゲーム性が増して面白さが生まれるのです。

スマートフォンの「基本無料」ゲームも、この仕組みに似ています。無料でできる（プレイし放題）点と、実は無料でできることには制約がある点です。もちろんスマートフォンのゲームは最終的にユーザーに課金させることが目的なのですが。それから、昔ながらの「金魚すくい」も「入れ放題」のシステムになっていました。こちらも、何度も挑戦させるためにポイが破れやすくなっています。

販促として「放題イベント」を行う場合は、1人1回、などのルールを決めることで射幸心を煽らないように気をつけながら集客効果を狙っていきます。ですから、とにかく来場者を増やすことが重要です。こういったゲーム性のある販促を行っているにもかかわらず閑古鳥が鳴いている光景は寂しいものです。

そこで、**詰め放題イベントの告知方法として最も効果の高い方法をご紹介します。それは、詰め放題のための容器そのものを告知ツールとして、あらかじめ配ってしまうことです。**ビニール袋や紙袋、折りたたんだ紙箱などとともに、イベント内容を告知するチラシをセットにして（封入してしまうのが簡単です）近隣にポスティングします。

この販促が成功しやすい理由のひとつは、「権利を先行して獲得させる」ことにあります。イベントの告知チラシ、または紙袋や紙箱そのものに、「この容器は近隣にお住まいの方だけに、日頃のご愛顧に感謝してお届けしている限定品であり、当日店頭で配っている容器はもっと小さなものです」と記載しておきます。これによって、自分が特別な権利を得たのだということを認識させるのです。

本来、チラシというのは興味を喚起させることを目的としたものです。行ってもいい、行かなくてもいい。当日、気が向いたら直接行けばいい。そんな感覚のものでしかありません。ところが、**先に権利を渡してしまうと、途端にそれを捨ててしまうのが惜しくなるのです。**

第二に、「容器」というものは、それに何かを入れるということを強く意識させます。容器を開いた瞬間から、お客さまの脳内では皮算用が始まります。

ニンジンはこの容器に何本入るだろう？　10本、いや、うまく詰めれば20本は入るかもしれない。どうやって詰めるのが最も効率的だろうか？　容器を引っ張って少し伸ばしてみようか？　そういったシミュレーションを行っている時点で、お客さまは行くつもりでいるようなものです。

第三に、「袋」や「箱」そのものを配るというインパクトの強さがあります。配られたほうは、チラシや郵便物に混じって「袋」や「箱」が届いているので、違和感とともに強い興味を持ちます。注意を惹きつけ、中を覗いてくれるというわけです。

そして、**チラシなどと異なり、立体物は捨てづらいという心理を利用しています。**書類を留めているステープラーの芯すら、外さずに捨てるのに躊躇《ちゅうちょ》する私たち。立体物をゴミ箱に捨てるときに、少し良心が痛むように感じることはないでしょうか。「袋」や「箱」は、見られることなく捨てられるという確率はずいぶん低いはずです。

私は、容器の代わりに「コイン」を使用したことがあります。**オリジナルの銀色のコイン（アルミ製の安いものですが）を製造し、チラシと一緒に透明なフィルム封筒に封入しました。**外からコインが見える形です。そのコインを、ゲーム参加のための引換券としたのです。

銀色のコインは、それが硬貨でなくゲームセンターやパチンコ店のメダルだったとしても、「お金」のように扱われます。ただでさえ立体物によるインパクトがあるうえ、**コインをそのままゴミ箱に捨てるのはお金を捨てるのと同じような罪悪感を覚える**でしょう。そのDMはかなり高い開封率を記録し、来場してゲームにチャレンジする方も多数いらっしゃいました。

先に権利を与えてしまうという手法は、この後でご紹介する「フラッシュクーポン」でも応用しますが、行動経済学的にも理にかなっています。集客やリピーターの確保に強い効果を発揮しますので、使用できる場面では使って損はない販促手法です。

ニューファミリー層をつかんで離さない子ども中心イベント

食 売 学 住 リ 不 士 ア 生

これまでにもお伝えしたように、小さな子どもを抱える親子世代（ニューファミリー層）は、さまざまな業種にとって優先して獲得したいターゲットとなります。ですが、ひと昔前とは異なり、この年代を取り巻く状況は大きく変わっています。それは、どうやら販促を仕掛ける側にとっては「捉えるのが難しくなった」と言えるでしょう。

まず、スマートフォンの普及、SNSの隆盛などにより、彼らは情報を得る力が高くなっています。モノがあふれ、情報があふれる現代では、ちょっとやそっとでは彼らの食指を動かすには至りません。趣味や嗜好もさまざまで、家族によっていろいろなライフスタイルがあり、一概にこう、と決めつけられないのでマーケティングに苦労します。

また、彼らを動きにくくさせている原因のひとつに不況があります。昔と比べ家計が苦しくなり、共働きをしなければならないのが当たり前になりつつある現在では、財布の紐もきつくなる一方ですし、お金を使う時間そのものも少なくなっているのです。数百円分の特典をつけたくらいでは、なかなか来店や問い合わせにつなげることはできません。

そのように「捉えづらい」ニューファミリー層ですが、彼らに共通しているのは、結婚していて、小さな子どもがいること。「子ども」という点にフォーカスすると、こんな時代でもいろいろな販促が使えそうです。

そこで、子どもを中心にしたプロモーションをご紹介したいと思います。

子どもをダシに使うようで嫌だと思われる方もいらっしゃるかもしれませんが、実際のところ、このプロモーションは親たちにとっても子どもたちにとっても、楽しくて嬉しいものばかりです。楽しい時間を提供しながら販促もできる、一挙両得の方法だとお考えください。

この**「子どもを中心にするイベント」は販促の世界においては「鉄板」と言えるもので、さまざまなシーンで活用されています。**休日のショッピングモールに出かけてみれば、目にすることも多いと思います。

子どもというのは、家族にとってかけがえのないもの。「目に入れても痛くない」という表現がありますが、それほど大切であり、子どもに関することは親の心を動かすのに足る事柄だと言えます。

たとえば、プロカメラマンを呼んで撮影ブースを作ってもらう「撮影イベント」は、最も人気の高いものです。親は、子どもの可愛い姿を写真や動画に収めたいと思うものです。

しかも、プロが撮影してくれるのであれば、きっといつもに増して可愛く撮ってくれるに違いない……と、親子連れが行列をなすくらいの人気です。

販促としては、「撮った写真を引き延ばして届ける」もしくは「データで送る」と約束することに価値があります。氏名・住所やメールアドレスなどの個人情報を得ることができるからです。今後の営業活動に役立つ見込み客リストを収集できるというわけです。

「キッズモデルオーディション撮影会」と銘打ち、親子ではなく子どもだけの写真撮影会にするパターンもあります。広報誌の表紙や、広告のメインビジュアルとして出演してくれる子どもを決定するためのオーディションです。自分の可愛い子どもが、芸能プロダクションの子役のように表紙を飾るなんて素敵ではありませんか。

もちろん、グランプリ以外の参加者も参加賞・特別賞として少しだけ出演してもらっても良いと思います。親たちは、自分の子どもが掲載された広告を大事に持ち、満遍《まんべん》なく熟読するでしょうし、周囲にクチコミを行う可能性も期待できます。あくまで目的は販促なのですから、たくさんの子どもが載っていればそれだけクチコミの数も増えるというものです。

同じような方法のもので、「似顔絵」があります。現在はスマートフォンの画質もかなり向上し、さまざまな画像加工アプリが流行しています。デジタルカメラの性能も上がり、ミラーレス一眼なども登場してずいぶんと使いやすくなりました。子どもの写真を撮る機会は昔と比べて格段に多くなったのですが、子どもの絵を描いてもらった、もしくは親が自分で描いた経験となるとどうでしょう。今も昔も、それほど多くはないのではないでしょうか。似顔絵はなかなか描いてもらう機会がないので、珍しがってもらえます。

似顔絵も写真と同様、親子でも子どもだけでも良いのですが、やはりその後のフォローが販促における重要なポイントになります。「オリジナルのフレームに入れて郵送する」または「一定期間は店舗ですべての絵を展示し、期間終了後に希望者にのみお渡しする」などという対応ができます。

店舗での展示は、スペースさえあればかなり有効な方法です。親であれば、自分の子どもの絵が展示されている様子を見たいと思うでしょう。もしかしたら、「子どもの絵を似顔絵師さんに描いてもらいました！　○○で展示中です」などと、ＳＮＳで宣伝する方もいるかもしれません。

これらは住宅会社のイベントで実施し、いつも多くの来場につながりました。モデルルームで行うと敷居が高いという場合には、ショッピングモールのスペースを借りて行うこともありました。こちらのほうが回遊客を取り込めるので、結果的には多くのリスト獲得につながることが多かったように思います。「鉄板」ですから、ぜひお試しください。

心が折れそうになる飛び込み営業の問題点を克服したオフィスドアコール

食 売 美 治 工 住 リ 士 ア 生

広告を作って、それをどこへ届けようか、新聞折込か、ポスティングか、サンプリングか……。配布ルートにこだわりだすと、ついつい数を多くしたくなってしまいます。1万枚よりも2万枚のほうが、効果が2倍になるんじゃないだろうか？　そんな誘惑にかられてしまうものです。

ですが、あなたのお店がオフィス街の近くにあるなら、ビジネスマン向けの需要を狙うのも効果的です。オフィス街に勤めるビジネスマンは、そのほとんどが別の土地から通勤してきています。

つまり、その近隣のお店で買い物をするとしても、アフター5の非常に短い時間に限られます。ですが、むしろそのアフター5を欲しいという店舗（飲食店やフィットネスクラブなど）や、ビジネスマンやOL層がメインターゲットである店舗（眼鏡店や整体・マッサージ店、エステティックサロンなど）にとっては、絶対に取り組むべきターゲットです。

ですが実際にオフィスにアプローチしようとしてみると、思ったより難しいことに気がつきます。オフィスのポストはひとつだけですから、チラシは1枚しか届けることができません。

おそらく、朝に総務のスタッフがピックアップして、他のチラシとまとめてゴミ箱に入れられてしまうでしょう。

ダイレクトメールでも同様です。宛名がわかっていたとしても、ある1人の人だけにしか届きません。

100人のビジネスマンがいるオフィスに対して、たった1人にだけ届いても大した効果は見込めないでしょう。駅などの通勤路で配るにしても、その到達率は知れたものです。

やはり、100人いるオフィスであれば、せめて20人以上には広告内容を知らしめたいもの。そこで実施したいのが、「オフィスドアコール」です。オフィスドアコールとはその名の通り、玄関から堂々とチラシを渡しに行くという作戦です。作戦と呼ぶのもおこがましいくらいの正面突破ではありますが。

「なんだ、ただの飛び込み営業じゃないか」とがっかりされた方もいらっしゃると思います。しかし、**飛び込み営業とオフィスドアコールの違いは「営業（売り込み）をしない」ということにあります。**私も飛び込み営業をたくさん行っていた時期があり、厳しい対応をされて心が折れた経験もあります。だからこそ、誰も知らないオフィスに飛び込んでいく勇気の重さをよく知っているつもりです。

手順はこうです。まず配布員がオフィスを一件ずつ訪ねます。オフィスビルであれば上から順番に、ローラー作戦です。配布員は自社のスタッフが望ましいですが、人員の確保が難しい、または営業行為が苦手だ、という場合にはイベントコンパニオンの会社やポスティング会社などに代行してもらうこともできます。

配布員は、応対してくれた方に対して御礼を述べ、このように切り出します。

「実は駅前の○○という××のお店が今度△△というキャンペーンを行うことになりまして、近隣のオフィスの方々限定のご優待券をお持ちしてご挨拶に回っております」

「実は○○という××のお店がオープンしまして、そのご挨拶で近隣のオフィスにご優待券をお持ちして伺っております」

ここでのポイントは、「理由」「ご挨拶」「優待券」です。ただの営業ではなく、理由があってここにきているのだということを告げること。何かを売り込むつもりはなく、あくまで「ご挨拶」であるということ。そして、相手にとって得になるものを手渡す用意があると告げること。これによって、警戒心に満ちた相手の態度をかなり軟化させることができます。

「○枚程度しかお渡しできないのですが、よろしければ皆さまでお使いください」

続いてこのように述べ、優待券を手渡します。女性向けのサービスであれば、オフィス内にいる女性の人数を尋ねてもかまいません。

この際、ノベルティがついていると拒絶されにくく、かなり有利です。さらに、ティッシュや紙おしぼり、キャンディなどがついていれば、「よろしければ、休憩室などに置いていただければ」と伝えられます。

休憩室に置いてもらう、というのは、オフィスドアコールの目標のひとつです。ランチタイムや休憩時間に、ＯＬがその場所に集まって談笑するからです。自然と話題はその広告へと移り、クチコミが発生しやすくなります。

ノベルティのない場合でも、「せっかく○枚もらったから捨てるのはもったいないし、使いそうな人に渡そう」と思ってもらうため、専用の封筒を制作してうやうやしく優待券を入れるなどして高級感を出すと捨てられにくくなります。

オフィスドアコールは、店舗オープン時の認知度向上とオープン販促にはうってつけの手法です。また、飲食店では宴会シーズンによく実施し、それによって宴会の受注を積み上げることに成功していますし、エステやスクールなど、ＯＬ向けのサービスとも相性が良いのでおすすめです。

他の店舗のお客さまに攻め込む他店スペース活用イベント

士　住　学
ア　リ　治　売
生　不　エ

週末、大型ショッピングモールに家族で出かけるという方も多いでしょう。イオンやイトーヨーカ堂などの大型スーパーは今やすっかりモール化して、特に郊外では地域のショッピングの集積地となっています。

古くからの商店街や複合ビルがだんだんと人気がなくなり、ひっそりとしているのを見ると、時代の移り変わりを感じずにはいられません。一方、ショッピングモールには人があふれ、駐車場も満杯。お客さまは、いるところにはいるのです。

そこで、「人のいるところ」に出向いてイベントを開催してみてはいかがでしょうか。たとえばスーパーマーケットの風除室（外の入口を入ってすぐ、カートなどが置いてあるスペースのことです）で、健康器具や浄水器などの展示販売を行っているのをご覧になったことはあるでしょうか。それから、ショッピングモールの屋外スペースで新車を展示していることもあると思います。

こういったイベントを開催するためには、どのくらいのお金が必要だと思いますか？

また、大型のショッピングモールで開催するためには、交渉力のある大手チェーンでなければならないでしょうか？　考えたこともない、という方も多いのではないでしょうか。

実は、もちろん場所や条件によりますが、数万円程度の予算から実施可能なケースも多くあるのです。かなり大型の店舗でも実施できます。

そう考えると、販路が一気に広がったように感じないでしょうか。ショッピングモールやスーパーマーケットでなくても、たとえば専門店でも実施が可能です。書店の店頭で、英会話や幼児教材などの勧誘を行っているケースもよく見られます。専門店も範疇に含めて良いとなると、ターゲットの絞り込みが非常にしやすくなります。

前述の例でも、健康器具や浄水器は、主婦層、特に年配の女性をターゲットとしているからこそ、スーパーマーケットでイベントを行っているのです。書店で英会話や幼児教材の勧誘を行うのは、書店に来る人々は「知識の吸収」に積極的で、教育や習い事にも関心が高い層が多いであろう、という算段があるからです。

他店スペース活用とは、自社と似たターゲットが集まるところに「出稼ぎ」にいくことです。では改めて、貴社のターゲットはどんな層でしょうか。そして、そのターゲットが貴社以外に行きそうなところはどこでしょうか。想像してみてください。

若者ならばゲームショップに、比較的収入の高い男性であればゴルフ用品店に、車の免許を持ったドライバーならガソリンスタンドやカー用品店にいます。チラシをポストに投げ込みまくるよりは、よほど効果的なターゲットの絞り込み方だと言えるでしょう。

他店スペース活用イベントを特におすすめしたいのは、通常時には店舗をかまえないタイプの業態、あるいはご家庭に訪問するタイプの業態です。たとえば家事代行や便利屋、介護、ホームセキュリティなどの生活サービス業などが当てはまります。保険や貴金属買取などもこれに含まれていましたが、最近はショッピングモール内などに店舗をかまえる形も増えてきました（店舗をかまえるようになってきたこと自体が、他店スペース活用の有効性を物語っています）。

こういった業態では普段、お客さまと接点を持つことができないので、チラシを配るか、タウンページやインターネットからお問い合わせが入るのを待つなどの「受け身」しか集客方法がありません。しかし、このようなイベントで「攻めていく」ことができれば、新規獲得の大きな足掛かりになります。

ただ、イベント当日は、その場で販売・契約できることはほとんどありません。販売活動そのものを禁止しているスペースも多いうえ、そもそもお客さまは本来の買い物の途中ですので、足を止めてくれる時間は多くないのです。

ですから、ここでは顧客情報の収集と割り切って、商品・サービスのＰＲや体験会、相談会などを行いましょう。また、抽選会やゲームなどで集客し、クーポンや無料券などを配布するのも良いでしょう。

私が関わった事例では、注文住宅メーカーによる抽選会イベント、カーディーラーによる新車展示イベント、リフォーム会社による相談会など、数多くのイベントを行ってきましたが、どれも上々の結果でした。

住宅メーカーで、100名近いリストを獲得できた例もあります。もちろん、そのすべてが優良な見込み客というわけではないのでしょうが、**どの企業も口を揃えておっしゃっていたのは「店舗で待っていたら出会えなかったお客さまと、こんなにもたくさん出会うことができたのが最大の収穫だった」という言葉です。**

その通り、ただ待っていては何も始まらないのです。攻めの姿勢で、常にまだ見ぬフィールドに活路を求めていくことが大切だと私は考えます。

イベントの実施可否は、まずチェーン店であれば本部に問い合わせしてみるのが良いでしょう。各店舗に権限がある場合はそこで教えてくれます。スペースの利用規定や料金設定などを細かく決めてあるところもあります。初回の審査には時間がかかるケースが多いので、最初はじっくり取り組んでみてはいかがでしょうか。

指定したエリアを絨毯爆撃するタウンプラス活用法

食 売 美
学 治 エ
住 リ 不
士 ア 生

　新聞折込は今や、シニア層寄りのメディアになりつつあります。加えて購読率そのものも下降してきており、「とりあえず新聞折込をすれば地域のお客さまに届く」という時代ではなくなってしまいました。

　インターネットはどうでしょうか。ホームページは、検索され、訪れてもらってはじめて情報を届けることができるものです。SNSも同様に、フォローされなければあまり効果を発揮しません。地域単位での絞り込みをかけたWeb広告手法もありますが、狭い地域となるとなかなか難しいのが現状です。

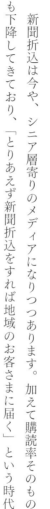

　そこで今、狭域向けの広告として重視されているのがポスティングですが、万能というわけにはいきません。最近のマンションでは広告のポスティングそのものを禁止しているところも多くなっていますし、あまり言いたくありませんが信頼性の低い配布スタッフも散見されます。
　地域のお客さまに、確実に広告を届けられるサービスはないものか……そういった声に応えるように登場したのが、日本郵便が行うサービス「タウンプラス」です。これは本当に画期的なサービスで、私もよく利用しています。

タウンプラスが、狭域向けの広告物配布方法として優れている理由はいくつかあります。まず、郵便局員が配布する「郵便物」であること。郵便物ですのでチラシとは異なり、原則としてポスティング禁止のマンションでも配布できます。また、配布スタッフは郵便局員ですから、信頼性は抜群です。

さらに、町丁単位で指定したエリアの「全世帯に配布」できるということ。エリア内の世帯であれば、みっちりと絨毯爆撃できるわけです。ポスティングがしづらい郊外の戸建エリアでも、新聞の購読率が低いエリアでも関係ありません。これだけで、新聞折込やポスティングと比較しても大いに魅力的な配布方法と言えます。

オープン記念のチラシの代わりに町丁を指定したタウンプラスDMを配布することで、一気に認知度を引き上げることができたり、ご愛顧感謝のDMとして重要なエリアだけに特別なキャンペーンを仕掛けたり……と、エリア内全世帯配布だからできる販促がたくさん見つかります。

そして、**この「町丁単位で配布地域を指定できる」ことが、凄まじい武器になります。**

広告の配布における最重要ポイントは、「誰に届けるか」です。これさえ上手くいけば、ひねりの利いた広告でなくとも効果は出るのです。本書でも、さまざまな配布方法によって「誰」の部分を絞り込み、広告の成功率を高める手法を紹介してきました。町丁単位でエリアを絞り込めるということは、国勢調査などのビッグデータや自社の顧客データを活用し、効果のあるエリアを見極めることで、成功率を格段に高められるということです。

実際に私も、町丁別の人口データを簡易的なＧＩＳ（地理情報システム）に落とし込んで分析し、所得や年齢層などがターゲットにマッチする地域を絞り込んで活用しています。ある程度であれば、日本郵便でもエリア選定のサポートを行ってくれるようです。

これだけでもじゅうぶんに素晴らしい配布方法ですが、タウンプラスの配布エリア指定には、他にも驚くべきものがあります。それは**「マンション名で指定できる」ということです。これは、特定の業態にとっては願ってもない話**でしょう。

どこに住んでいるか、というのは重要なデータです。販売価格を見ればおおよその生活水準がわかりますし、間取りや設備も思いのほか簡単に知ることができます。マンションのデータというのは個人情報ではなく、単に建築的な情報ですから、実はデータベースとして販売されています。このデータベースと、タウンプラスのマンション指定との組み合わせによって、タウンプラスは無限の可能性を秘めた配布方法になるのです。

たとえば高級マンションだけを指定すれば、それは富裕層向けの広告にぴったりです。

築年数の古いマンションを選べば、リフォームの広告が捗《はかど》ることでしょう。それも、間取りや設備がわかっていれば、ある程度商品を絞り込んで訴求することもできるはずです。

唯一の欠点は、配布単価が高いことです。配布単価はおおよそ20円以上（通数・サイズによって異なる）ですので、エリア選定は慎重に行わなければなりません。そして、郵便物ですので、記載内容やサイズなどに規定があります。実施前には最寄りの郵便局に予め相談しておくほうが良いでしょう。

私は以前、このタウンプラスを利用して、高級マンション街だけをターゲットにした「富裕層向けフリーマガジン」を企画し、発行していました。**ポスティングでは絶対に配布できない、セキュリティの厳しいマンション群。しかし、その所得水準は他の地域よりもはるかに高く、富裕層向けの業態はどこも、何とかして広告を届けたいと考えていながら手をこまねいていたエリア**だったのです。

案の定、高級外車や不動産、ゴルフ場などの広告がすぐに紙面を埋めました。私の目論見は的中し、お客さまからの反応も良く、広告効果は上々でした。

その高級マンション群では普段からチラシがポストに入らないため、ポストに届けられたフリーマガジンは目新しかったのか、住人たちの興味を引いたようです。

Part 2

新規客をたちまち固定客にしてしまう販促技

リピーターを釘付けにする クーポン付きカレンダー

食 売 美 学 治 エ ア 生

安売りはその場の売上を稼ぐだけの一時しのぎであり、ブランド価値を下げる行為である、したがってクーポンは悪である、という論調がビジネス書などでよく展開されます。

私自身も企業のブランドづくりを行っている身として、セールに頼った売上が長続きするとは思いません。もっと本質的な魅力を見出し、研ぎ澄ませていくことがブランドづくりの基本です。しかし一方で、クーポンを使った販促は絶対に必要だと考えています。

本書ではたくさんのクーポン販促をご紹介していますが、そもそも**クーポンを発行する目的は「来店の動機づけ」**です。

いろいろな商品やサービスの紹介があり、PRポイントがあり、特別メニューやキャンペーンで興味を惹き、それでも何となく一歩が踏み出せない消費者のために「最後のひと押し」としてクーポンがあります。魅力ある中身がないのに、クーポンだけで集客をしようとしてはいけないのです。

そういう意味では、ここでご紹介する「クーポン付きカレンダー」は、クーポンの「クーポンらしい使い方」ではないでしょうか。

「クーポン付きカレンダー」は、冊子型のミニカレンダーです。16ページの冊子で、上開き（背が上側で、上に開く形）、フックで壁掛けできるように一穴が開いています。A4判かB5判で、ちょっとしたスペースに掛けておくのにちょうど良いサイズです。

この冊子は表紙と裏表紙、それにPRスペースとしての2ページを除いた12ページ分がカレンダーです。1ページごとに1ヵ月のカレンダーがついています。そして、カレンダーの下には各月1〜2枚のクーポン券がついています。**壁掛けカレンダーにクーポンがついただけ。ただそれだけなのですが、これは絶大なパワーを持った販促ツール**です。

このクーポン付きカレンダーの主役は、クーポンではなくカレンダーです。もちろん、普通のカレンダーではなく、貴社独自のオリジナルカレンダーですから、店舗のキャンペーン曜日、月ごとのセール開催日、季節ごとのおすすめ商品の情報、月ごとにお客さまに伝えたい豆知識……そのほか盛り込みたい情報を山ほど入れた、楽しいカレンダーを作成しましょう。

広告のぎっしり入ったカレンダーなど使うだろうか、という疑問があるかと思います。ところが、実は結構「広告の入ったカレンダー」は使われているのです。

日本には、年末になると販促品や挨拶回りの粗品としてカレンダーを配る企業が多くあります。銀行や保険会社、カーディーラーなどからもらったカレンダーを使う人も多いでしょう。壁掛けのカレンダーは、「広告が入った企業のものであっても、使えればとりあえず使う」という文化が根づいているのです（その他、広告が入っていてもよく使われるものといえば、文具かポケットティッシュくらいのものです）。

さらに都合が良いのが、カレンダーは、毎日眺めるものだということです。そして、先の予定までを一度に見ることができます。この「毎日眺めて先の予定を意識する」ということが、クーポン販促とすこぶる相性が良いのです。

企業や店舗にとって最も恐ろしいことは、忘れられてしまうことです。私たちは、特に商品やサービスに不満もなく、接客対応も問題なかったのに、「何となく」そのお店のことを忘れてしまうことがあります。

せっかくもらったクーポンも、いつの間にか期限が切れてしまい捨ててしまった経験のある方も多いのではないでしょうか。

毎日見るカレンダーがお客さまの手元にあれば、忘れられることはありません。しかもこのカレンダーは、キャンペーンや季節ごとの情報を逐一アナウンスしてくれます。そこに「最後のひと押し」としてクーポンがあれば、「それじゃ、来週のキャンペーンに合わせて行ってみようかな」という具合に足が向くこともあるはずです。

せっかく**カレンダーで季節感を出せるのですから、クーポンの内容も季節に合わせて少しずつ変えていってみてはいかがでしょうか。**その時期に最もお客さまにとって必要だと思う商品を提案することで、クーポンを通じたお客さまとの対話が生まれることでしょう。うまく習慣化させることができれば、一人のお客さまに毎月1回以上来店していただくことも可能です。

いかがでしょうか。**とりあえずクーポン、ではなく、企業からのメッセージをしっかりと伝えたうえでのクーポンであれば、ユーザーの心を動かす最後のひと押しとして効果的に機能するツールになり得る**のです。

そして、毎月のクーポンによって何度か訪れたお客さまが、商品やサービス、接客対応を通じて本当の意味でのお客さまになっていくはずです。

クーポン付きカレンダーは、年度末や年末にこそ本領を発揮するツールです。年間にわたってリピーターを増加させ、持続的な効果を発揮する強力な販促手法ですから、ぜひ次のタイミングでご予算に加えてみてください。

クーポン付きカレンダーの事例

クーポン付きカレンダーは、飲食店やベーカリー、ガソリンスタンドなど、いろいろな業態で実施しました。特に、月に1回またはそれ以上の来店頻度がありそうな業態に向いていると思います。

その中でも秀逸な事例が、ゲームセンターで実施した事例です。ゲームセンターと言っても、ビデオゲームのコーナーだけでなく、クレーンゲーム、スポーツゲーム、メダルゲーム、それからバッティングセンターを備えている大型のものです。

ゲームセンターという業態は、一人あたりの消費金額はそれほど多くありません。ただ、ごく一部のお客さまがある特定のゲーム（クレーンゲームや、最近流行のカードゲーム、メダルゲームなど）に傾倒し、たくさんお金を使うことがあります。

ゲームセンターとしては、なるべくリピーターを増やし、そのお店を「たまり場」にしていただいて、ことあるごとに少しずつ消費してもらうか、あるゲームにハマってもらうのを待つという戦略になります。そういう意味で、クーポン付きカレンダーはうってつけの販促手法でした。

そのゲームセンターは、イベントカレンダーに合わせ、メダルゲームで使えるメダル無料券をクーポンとして付与しました。それを各月1枚、計12枚です。さて、そのクーポン付きカレンダーは5000冊印刷したのですが、それをどうやって配ったと思いますか？

そのお店では、そのカレンダーを500円で、店頭で販売したのです。メダルゲームをやりたいお客さまからすれば、12枚のメダル無料券が入ったクーポン冊子はどう見てもお得です。カレンダーは飛ぶように売れ、瞬《また》く間に5000冊のクーポン付きカレンダーは完売しました。ちなみに、これだけで250万円の売上です。

250万円の売上を得たうえに、5000人のお客さまがリピーターとしてこれから1年間通ってくださることがほぼ確定したわけです。カレンダーの制作費を差し引いても、どれだけの費用対効果があるかは言わずもがなでしょう。

実施にあたってのポイント

クーポン付きカレンダーはページ数がある冊子のため、1冊あたりの単価はそれなりに高くなります。やみくもに配ってしまってはもったいないのです。誰に対して、どんな条件で渡すのかをよく考えて制作しましょう。

損をしたくない心理を突いた綴りクーポンポスティング

食 売 美 学 治 エ リ ア 生

販促において、クーポンは欠かせません。どんなにメリットを並べてもやはり、財布を開けてお金を出す、という行為に対して躊躇してしまう慎重派の方はいるものです。そんな方々の背中を少しだけ押してあげるために、クーポンによる割引や特典の付与などが効果を発揮するのです。

一方で、**現在は過度な安売り競争の時代ではなくなりました。クーポンに頼らなくても売れる、ブランドを確立させて支持される、そういったマーケティングが主流です。**私自身も、これからの企業はそういったブランドづくりを目指していくべきだと考えています。

ですが、私が子どものころには、クーポン券・割引券といったものは非常に貴重な、金券にも匹敵する価値を持ったものだったように記憶しています。

割引券が手に入った、と嬉々として家族でレストランに出向き、美味しかったね、安く食べられて得しちゃったね、と笑い合いながら帰路に着く……そんな幸せを運んでくれる、魔法のチケットだったのです。その貴重さが失われてしまったのは、やはりフリーペーパーやクーポン誌の功罪であると私は感じます。

ただ、**クーポンはやはり、ワクワクしながら使うものであってほしいと思うのです。そして、クーポンが陳腐化した今でも、その心は失われていないはずです。**「綴りクーポン」は、そんなワクワク感を与えてくれるツールです。

「綴りクーポン」は、複数のクーポン券を束ねて1冊の冊子状にしたものです。よくある割引券のサイズ（おおよそ紙幣程度のもの）を綴りにし、ミシン目を入れて切り離せるようにします。小切手帳をイメージしていただくとわかりやすいと思います。予算の関係上、ミシン目が入れられないという場合には切り取り線を印字するだけでもかまいません。

このとき、クーポンの数はできるだけたくさん用意していただく必要があります。3〜4種類ではまったく効果がありません。少なくとも10種類以上は欲しいところです。

「綴りクーポン」は、たくさんの種類のクーポンをひとまとめにすることで、強力な効果をもたらすのです。

第一に、見た目のインパクトが上がります。

10種類以上のクーポンを綴りにすれば、表紙や店舗情報などのページを含め、総ページ数は少なくとも20ページ以上。ちょっとした冊子としての分厚さを確保することができます。それがポストの中に入っているというだけで、他のチラシとは明らかに異なる違和感が生まれます。この小さな冊子状のものは何だろう？　と、必ず目に留まるはずです。

そして第二に、そのクーポンの多さにこそ、利用率を高める仕組みがあります。

これは、「下手な鉄砲数撃ちゃ当たる」というような理論ではありません（もちろん、数ある中からニーズにぴったりのクーポンに巡り合うという方もいらっしゃるとは思いますが）。たとえば、クーポン1種類だけだったらどうでしょう。消費者は、「このクーポンを使うか、使わないか？」という選択を行います。しかし、それが20種類あったらいかがでしょうか。「もし自分がクーポンを使うとしたら、どのクーポンを使うだろうか？」「どのクーポンを使えば最も得するだろうか？」

という選択肢に誘い込まれていくのです。「使うか、使わないか」から、「どれを使うか」へ。「使う」ということを前提とした議論に持ち込んでしまうだけのインパクトが「綴りクーポン」にはあります。

人間は、損をしたくない生き物です。そして、得ができるのならできるだけ多くの得を手に入れたいと考える生き物なのです。そのため、綴りクーポンでは「少しでも得をしたい」消費者の心理を逆手に取り、あえてたくさんの選択肢を提示することで「ワクワクさせながら迷わせる」ことを狙っています。

迷う過程で、ひとつひとつのクーポンはもちろん店舗情報や商品メニューなども熟読してくれるので、接触時間が長くなり広告の効果も向上します。

大手のファストフード店などでは、綴りでなくたくさんのミシン目でクーポンを区切ったチラシを発行していることが多いのですが、おそらく一度はご覧になったことがあるのではないでしょうか。

ファストフードは価格が購買決定要因にかなり影響するため、たくさんのクーポンを提供する作戦は有効と言えます。さらに、ファストフードのユーザーは利用頻度が高いため、使用したクーポン以外のクーポンを保管しておき、次回また使用してくれる可能性もあります。

もちろん、利用頻度の低い業態であってもクーポンの使用条件を規定（同時使用可能、ある条件下でのみ使用可能、など）することで、追加購買を引き出すことができるなど、さまざまな方法で使用できます。

本書ではクーポンを利用する販促手法をいくつかご紹介していますが、その中でも「綴りクーポン」はインパクト・効果ともに強力なものですので、ぜひチャレンジしてみていただけたらと思います。

綴りクーポンポスティングの事例

綴りクーポンの「どれを使おうか、ワクワクさせながら選ばせる」という効果を利用して、ちょっと面白い試みを行った事例があります。

それは、すべてのクーポンを別々の店舗・企業にして「合同綴りクーポン」として実施したという事例です。イメージとしては、ホットペッパーのようなクーポン型フリーペーパーをあらかじめすべて切り取って、まとめてポスティングしたようなものです。

そんなチケットが束になって突然家のポストに入っていたら、さぞびっくりしたことと思います。これはある地域の活性化を目的に、地域内の店舗からの協賛を集めて実施したものですが、もちろんそのような趣旨をきちんと説明する用紙をつけて配布しましたので、「あらかじめ切り取られたフリーペーパー」であることはご理解いただけたと思います。

クーポン型のフリーペーパーは、ざっと流し読みされた後にクーポンを切らずにそのまま捨てられる、ということが往々にしてあります。その解決策として、**既に切ってあるクーポンを大量に渡し「どれを使おうかワクワク選ばせる」ことによって、少なくとも1枚は使ってもらおうという作戦**だったわけです。その結果、実際にはクーポンの内容によって店舗間格差は出てしまいましたが、上手くいった店舗では通常の広告出稿よりもはるかに安い広告費で、数十名の来店を獲得しました。

同様に、商店街でのお祭りイベントにこの綴りクーポンを利用した事例もあります。お祭りにはたくさんの観客が見込めますが、それらの人々は商店街を利用するとは限りません。そこで、**お祭りのプログラムに綴りクーポンをつけ、商店街マップと一緒に配布するという作戦**を実施しました。昼食時に、たくさんの人々がマップを見ながら商店街に散っていくのを眺めながら安堵した思い出があります。

実施にあたってのポイント

綴りクーポンの魅力は、何と言ってもバリエーションです。印刷費の予算が少なければ、サイズが小さくなっても1色刷りでも、ミシン目加工がなくてもかまいません。とにかく枚数を増やせるようにしてください。そして、できれば同じクーポンを何枚も連ねるのではなく、種類や組み合わせを豊富に揃えてみてください。

実際にサンプルを作ってみて、誰かに渡してみるのも良いでしょう。閲覧時間が長ければ長いほど、「ワクワク」の詰まった綴りクーポンになっていると言えます。

お客さまを何度でも来店させる富くじキャンペーン

食 売 美 治 エ ア 生

年末になると、駅前の宝くじ売り場に行列を作っている人々を見かけるようになります。今ではスーパーマーケットの駐車場など、ちょっとしたところにでも売り場があり、宝くじは老若男女に対して市民権を得ていることが伺えます。と書きながら、私自身もちょうど先程「宝くじでも当たらないかなあ」とつぶやいたことを思い出してひとりで苦笑しているところです。

ジャンケンや富くじ（政府発行のものと呼び名を区別します）、クイズなどの「誰でもルールを知っているもの」は敷居が低く、参加しやすいキャンペーンです。なかでも富くじは、射幸心をくすぐることのできる強力なツールです。

一部を除く賭博が法律で禁止されているのは、この射幸心が人間の行動に大きな影響を与えるからです。最近でも、スマートフォンゲームの「ガチャ（課金でランダムなアイテムを得られる）」が問題視されるケースが増えています。「もしかしたら次こそは大当たりするかもしれない」という期待感には、ついつい課金を繰り返してしまうほどの抗いがたい力があるのです。

さて、販促におけるくじといえば「福引」がありますね。その場で抽選器をガラガラと回して当たりの玉を出すものですが、**実は福引は販促には向いていません。その場で当ててしまうのでリピート獲得にもなりませんし、福引自体の集客効果もあまりありません。**たまたま福引券をもらって、「せっかくだから」と回して帰るのが関の山ではないでしょうか。福引は、商店街やショッピングモールなどの店舗会が「ご愛顧感謝」を目的としてするもので、もとより販促効果を見込んでいないのです。

やはり射幸心を上手に利用するなら（いたずらに煽るのはよくありませんが）、富くじが一番です。通し番号のあるくじは、ナンバリング加工を伴う印刷で簡単に作成できます。

ここで最も注意しなければならないのは、「景品表示法（景表法）」です。来店や商品・サービスの購入を対象とした富くじの配布は「クローズド懸賞」に該当し、法律の規制範囲内でしか実施できません。射幸心を煽り過ぎないための規制です。

景表法の詳しい解説は他の書籍やサイトにお譲りするとして、ここでは「著しく高額な目玉賞品を出すことはできない、ただし店舗で提供する商品の単価に比例する」くらいに考えていてください。ですが、賞品の選定はよく考えて、ターゲットの客層が欲しがりそうなものをチョイスしていただければと思います。

商品の購入者に、レジで富くじを配布するキャンペーン。簡単に実施できそうですが、成功させるためにはいくつかのポイントがあります。富くじキャンペーンの狙いは、お客さまの「購入量」「購入頻度」「購入単価」それぞれをアップさせることにあります。そこをしっかりと意識できているかどうかが、成功の鍵を握っています。

そのポイントとは第一に、「当選番号の発表はＷｅｂサイトで行わない」ということ。**当選番号は「店頭に掲示」とします。こうすることで、お客さまは当選番号の確認をするためにもう一度来店してくださいます。**多少強引な方法ですが、とにかく2回、足を運んでいただけるわけです。一般的な店舗の再来店率を考えれば、これだけでもじゅうぶんな効果だと感じられるはずです。

第二に、「富くじ必勝法」的なチラシを富くじと同時に配布すること。「必勝」はさすがに言い過ぎですが、富くじの勝率を劇的に高める方法があります。非常に簡単です。枚数をたくさん獲得すれば良いのです。しかも、2枚なら2倍、3枚なら3倍です。

馬鹿らしい話のようですが、よく考えてみてください。「宝くじ」は、ときには数億枚発行することもあります。ですが、富くじは何枚発行されるでしょうか？　店舗側はその答えを（おおよそ）知っています。それを教えてしまうのです。

「そのくらいの総数であれば、複数枚持っていれば結構な確率で当たるかもしれないな」

お客さまがそう思ってくれれば、チラシ作戦は成功です。

チラシは、あくまでキャンペーンをもっと楽しんで盛り上がっていただくための賑やかしとして。そして、景表法の範囲内でめいっぱい射幸心を燃やしていただくためのツールとして機能させ、購入頻度、購入単価を高めることを目的とします。

第三に、富くじと必勝法チラシをセットにして、近隣の「来店していない」お客さまにポスティング配布してしまうこと。1枚だけは、ただであげてしまうというわけです。

「ただほど高いものはない」という諺を、本書をお読みいただいている方は既にいやというほどお感じになっていることと思います。私の十八番、**「もらってしまった権利を使わないで捨ててしまうのはもったいない」という心理を利用し、キャンペーンに参加していただく人数をぐっと増やしてしまおう**というものです。

ここまでしっかり実施できれば、ただ富くじを配るだけのキャンペーンと比較して、大きな差が生まれるはずです。

キャンペーンによって複数回来店した新たなリピーターのお客さまがその後も継続していただけるように、別の仕掛けも併せて実施してください。

失ったお客さまの3割を取り戻す失客DM

食 学 住 士
売 治 リ
美 工 不 生

どのような企業にとっても「新規顧客獲得」と「リピーター化」は車の両輪のようにどちらも大切なものですが、特に「リピーター」を重視する業態があります。

たとえば美容室やエステティックサロン、整体などのサービスは、何度も通ってもらい、リピーターになっていただくことが最重要課題です。キャバクラなど、いわゆる夜の業態もこの範疇に入るでしょう。お客さまに対して1人の担当がつき「指名」を獲得することを目指す業態が、リピーター化を重視する業態と言えます。

こういった業態では、まずどうにかしてお客さまに一度来店してもらう必要があります。すでに**誰かを「指名」している場合、それを引き剥がして自分のお店に来店させるためには、かなりインパクトのあるオファー（特典）を設定**しなければなりません。

また、「指名」がない場合でも、つまり「どこでも大して変わらない」と考えている可能性が高いわけですから、他店との違いを示すためにも大幅な割引を行って誘引することが多くなります。この「大幅な割引」を集めてまとめているのが、ホットペッパーなどのクーポン誌や、グルーポン、ポンパレなどに代表されるクーポン共同購入サイトです。

ホットペッパーやグルーポンがブームと言えるほど隆盛だったのは、2000年代後半から2010年ごろにかけてです。リーマン・ショックにあえぐ日本で生まれるべくして生まれた、不況の申し子と言えるかもしれません。このころには、30%OFF、50%OFFといった割引を行う居酒屋や美容室が多く、新規顧客の奪い合いが発生していました。

しかし、クーポン誌を読み漁り、最も割引率の高いお店に行くような顧客層というのは、つまり価格でしかお店の価値を判断しないのです。業界用語ではこのような消費者を「クーポンハンター」と呼んでいます。決して悪意を持って揶揄した表現ではありませんが、なかなか攻略しづらい相手であることには間違いありません。そのお店よりも高い割引をする競合店舗があれば、平気でそちらに流れてしまいます。

そして何より、**過剰な割引は、店舗を疲弊させます**。店舗経営をされている方であれば、大きな割引をしすぎて痛い目を見た経験が一度はあると思います。お客さまは増え、売上は上がるものの、サービスの品質は低下し、スタッフはたくさんのお客さまの対応に追われて疲労困憊、お客さまの質は下がり、なぜか利益はあまり残らない……。骨折り損になってしまうことが多いのです。

そういった割引合戦から脱し、まっとうな商売を続けていくために、リピーターのお客さまを大事にしていくというのは重要なことです。頻繁に利用してくださるお客さまたちが店舗の売上の土台を作ってくれていることを、忘れないようにしなければなりません。新規獲得も大事ですが、自分の商圏にいる潜在顧客の数は無限ではないのです。「失客DM」も、そんな思想に基づくものです。

失客DMは、最終来店日から一定期間（これは業態によって異なりますが、半年くらいがひとつの目安となるでしょう）来店がないお客さまに対して、再来店を促すものです。

ただし、単にDMを送れば良いというものではありません。彼らは一度、あなたのお店を訪れ、そして何らかの理由で失望したために、もしくはより魅力的なお店を見つけたために、次の来店を諦めてしまった人々なのです。その閉ざした心をもう一度開き、来店まで導くために、2つのポイントがあります。

たとえば美容室であれば、こんなコピーライティングです。

「先日はご来店いただきありがとうございました。その後、ヘアスタイルの調子はいかがでしょうか。ご来店いただいた際に、当店の不手際で心苦しい思いをされなかったかと心配に思い、ダイレクトメールを送らせていただきました。当店ではただいま○○キャンペーンを行っておりますので、宜しければまたご来店いただければ幸いです。さらに、××さまだけに、特別なサービスをご用意しております。また、担当者の変更も承っておりますので、お気軽にお申しつけください」

ひとつは、「真摯な姿勢」。誠意を示すことに加え、「担当との相性が悪かった」という理由を想定し、担当変更が可能であることを明示します。それと、「特別なサービス」。ここで引き戻すことができなければ、彼らは二度と戻って来ないのです。最後のチャンスなのですから、むしろ新規向けよりも大きな割引やサービスを設定しましょう。

失客DMによる来店率は、しっかり作れば3割程度まで高められます。

失客の何割かは、本当にサービスや接客に満足できなかったのかもしれませんし、ただのクーポンハンターだったのかもしれません。ですがもしかすると、特に理由もなく、「ただなんとなく」来るのをやめてしまったというだけかもしれないのです。そういった方々にDMを届けることで、失ったはずのお客さまが3割も戻ってくる。これはものすごく大きな効果です。

失客DMを実施するためには、顧客管理をしっかりしておく必要があります。

誰がいつ来て、何を買ったのか、最後に来たのはいつなのか。大切なお客さまの情報は企業にとって宝の山。きちんと管理していないという方も、これを機に顧客管理を徹底しましょう。

また会いたいと思わせ、指名を増やすパーソナルDM

学 住 士
治 リ
美 工 不 生

美容室やエステティックサロンなど、個人の技術がクオリティを左右する業態では、「お客さまが人につく」、つまりスタッフに対する「指名」が重要になってきます。

高い技術と接客対応を備えた花形スタッフは、通常のスタッフの何倍もの「指名客」を持っているものです。だからこそ、そういったスタッフがいることでリピーター率が高まり、経営が安定します。

逆にそのスタッフの離脱は、店舗にとって大ダメージになることもあります。スタッフにとっても店舗にとっても、「指名」は重要なのです。

ですから**スタッフにとっての最重要課題は、いかに自分の指名を増やしリピーターになっていただく**かにあります。

もちろん簡単なことではありません。これだけたくさんの店舗が世の中にあふれている状態ですから、本来であればいろいろなお店に行ってみたい、新しいお店を試してみたいというのがお客さまの心情でしょう。

「指名」というのは、まだ見ぬ理想のお店と出会うチャンスを捨ててでも、一度行ったことのあるお店にまた行こうと思っていただくわけですから、他の店舗を凌駕するような魅力ある体験を提供しなければならないのです。

さらに言えば、たとえばクーポン誌を見て店舗を選ぶタイプのお客さまは、そもそもスタッフの人間的魅力に関心を持っていないかもしれません。

相手に興味を持ち、これからも関わっていこうと考えなければ、人間はなかなか他人を記憶に留めないものです。私たちも、ふらっと立ち寄ったコンビニの店員さんのことを毎回よく見ているかと言われれば、思い出せないことも多いはずです。

そこで、いかにお客さまの記憶に残り、また会いたいと思わせるかどうかが重要になります。そのためのツールが「パーソナルDM」です。

美容室などでは、「サンキューレター」(来店してくれたことに対する感謝の気持ちを表すDM)をよく使用しています。ただし、そのDMは印刷された画一的なものであるため、真面目なスタッフは手書きで一通一通、自分の想いや会話の内容などを記すのです。

たとえば、サンキューレターに担当スタッフの顔写真があればどうでしょうか。おぼろげだった記憶がよみがえり、「ああ、この人だったな」と思い出してもらうことができます。

スタッフの写真を掲載する理由には、「単純接触効果」もあります。心理学的には、顔

を見せれば見せるほど、好感度は上がるのです。いっそのこと、スタッフの写真を大きく掲載すれば、手書きの文字と相まってより人間味あるDMになるに違いありません。スタッフ一人ひとりから、お客さま一人ひとりに心を込めて送られるDM。それが「パーソナルDM」です。

なんだそんなことか、と思われる方もいらっしゃると思いますが、実はスタッフの数だけDMを刷り分けるというのは、これまで実現の難しいアイデアでした。

写真の入ったカラーのDMを何種類も、ときには十種類以上も刷ろうとすれば、サンキューレターにしては相当なコストがかかってしまうからです。それでは「ファスト販促」ではありませんので、中小の店舗では実施できませんでした。

ところが、印刷のためのデータ加工技術が進歩したおかげでこの問題は解消されました。かなりの小ロットごとにデータの一部を差し替えることができるようになったのです。

これは宛名印刷の技術の応用で、**バリアブルDMというものです。そうでなくても、今はネット印刷でもそれなりにコストを抑えられるようになりました。ようやく手軽に実施できるようになってきた手法なのです。**

現在では、スタッフそれぞれがブランド価値を持ち、たくさんの指名を抱える「スター」になり、そしてそのスター・スタッフが集結したオールスター型の店舗が支持を集めます。

たとえるなら、国民的アイドルグループのような感じでしょうか。

そのために、一人ひとりが自分というキャラクターの個性づくりと発信に余念がありません。その「個性づくり」、いわゆるパーソナル・ブランディングの話はそれだけで本が1冊書けてしまうくらいの内容なので割愛しますが、スタッフそれぞれのSNSアカウントがあったり、ブログを書いていたりと、「個」の力に頼る時代になりつつあるのは間違いありません。

これからの企業は、**スタッフがそれぞれの「個」の力を存分に伸ばし、発揮できるためのバックアップをする芸能事務所のような役割が求められる**でしょう。

パーソナルDMは、これからの時代にマッチしたベーシックな販促手法になってくるはずです。

もちろん、一般消費者向けの業態だけでなく、企業間取引においても営業マンやデザイナーなど、「人を信用して仕事を依頼する」すべてのプロフェッショナルたちのために応用できるものです。

Part 3

客単価を上げ、売り上げをアップさせる販促技

クーポンの弱点を逆手にとった クーポン付きうちわ

食 売 美 学 治 工 住 リ 不 士 ア 生

駅でティッシュを配っているのはよく見かける光景ですが、配る側をやったことはあるでしょうか？　駅でなくても、学校の文化祭やサークルの勧誘などでも、経験のある方はおわかりかもしれませんが、受け取ってもらうにはコツがあります。

絶対に受け取らないと決めて歩いてくる人、逆に、欲しそうな視線を送りながら寄ってきてくれる人、何を配っているのか確かめようとする人、それから、何も決めていない人。さまざまな人がいますが、それを見極めている暇はありません。「何も決めていない人」がどうしたら受け取ってくれるか、それを考え、試行錯誤しながら配るのが最も効率の良いやり方です。

たとえば、視線を合わせて微笑むこと。配る側はどうしても手元に視線が行ってしまいますがぐっと我慢して、**目が合うまでは相手の顔に視線を向け続けます。目が合ったと思った瞬間ににっこりと微笑むのです。すると相手は「自分に渡そうとしているのだ」と認識し、無視するのが後ろめたくなって受け取ってくれやすくなります。**

他にもいろいろと「コツ」はあるのですが、そういったテクニックだけではなく「何を配るか」というのもひとつのポイントです。やはり、ただチラシを配るのではなかなか受け取ってくれないので、販促物（ノベルティ）をつけるべきでしょう。

定番はやはりポケットティッシュですが、実はティッシュは春と秋、特に春先に大きな効果を上げます。そう、花粉症の季節です。今や国民的アレルギーとも言える花粉症ですが、発症している方にとってティッシュは必需品。ひとつでも多くもらっておきたいと思うもので、受取率がぐっと上がります。

夏はやはり「うちわ」です。温暖化の影響か、日本の夏の暑さはひと昔前よりも過酷なものになりました。そのため、真夏の暑い日に駅でうちわを配ればそれを求める人が殺到し、あっという間になくなってしまいます。プラスチックの骨が入ったポリうちわと、厚紙を使用した紙うちわがありますが、耐久性の問題からポリうちわのほうが人気のようです。ただしポリうちわは値が張るのと、制作に意外と時間がかかるのがネックです。

そして、**寒い冬は「携帯カイロ」の出番です。**冬はイベントが多く、寒いにもかかわらず外に出なければいけないシチュエーションが多くなります。寒空の下、外でイベントを待っている人々に、カイロは重宝されます。

ですが、いかにテクニックを駆使して受け取ってもらっても、効果につながらなければ意味がありません。そこで生み出されたのが、**「クーポン付きうちわ」**でした。

厚紙のうちわは、丸い厚紙の中に親指をはめ込める穴が開いていて、そこに指を通すことでうちわとして使用できる、というものです。この「指を通す穴」を、ミシン目のみで形をつくり、穴をあける作業は受け取った人にお任せすることにしました。

文章にするとややわかりづらいですが、ボックスティッシュを使い始めるときに、真ん中を指で押して開ける、あれと似たつくりです。

広告入りの紙うちわを受け取った人は、使うために親指を入れる穴を探します。そこで丸くミシン目が入っていることに気づき、指で押し抜いて穴を空けます。そのとき、ミシン目でくり抜かれた丸い部分がクーポン券になっている……そんな仕掛けです。**本来ならば捨ててしまう部分を、クーポンとして利用することにしたのです。**

ホットペッパーなどの「クーポン誌」が流行っていたころから、クーポンに否定的な層というのは少なからず存在していました。

そういった人々に、なぜクーポンを使わないのか、と尋ねると、大多数の答えはふたつにわかれました。ひとつは、「クーポンを使うことによって、けちで浅ましい人間だと思われたくない」というもの。そしてもうひとつは、「クーポンをミシン目に沿って切り取るのが面倒くさい」という理由でした。

そう、クーポンを切り取るのは面倒なことなのです。人間は、たかが広告（私自身は職業柄、あまりこの言葉を使いたくはありませんが）に対して、カロリーを消費してまで能動的に何かをするのは嫌なものなのです。ポケットティッシュを無料でくれるというのに、手を伸ばすことすら面倒だと感じる人がいるのはそのためです。

ですが、もしもポケットティッシュが自分の鞄の中に突っ込まれていたら、きっと使ってもらえるでしょう（きっと怒られると思いますので実行に移すのはおすすめしません）。

同じように、クーポンがすでに切り取られてあなたの手のひらの中に収まっていたら、わざわざハサミを持ち出して切り取るのと比べて、どちらが財布にしまいやすいでしょうか。切り取る手間を省いてあげるというのは、クーポンを使うことに対するハードルを下げることになるのです。

紙うちわの本体自体は、運が良ければひと夏の間ずっと使ってもらえ、その度に広告を見てもらえるという、息の長い広告として非常に有効です。

しかも使っている間は、その人自身が広告塔となって周囲の人に広告を見せてくれるのです。さらに、切取率の高いクーポン付きうちわを使うことで、即効性も高まります。真夏の販促、特に飲食店などにはうってつけの方法です。

クーポン付きうちわの事例

クーポン付きうちわが最も活躍するのは、夏……というのは当然ですが、その中でも爆発的な効果を発揮する日があります。それは、地域のお祭りの日、花火大会の日です。浴衣にうちわは定番。そして、平均して数時間は屋外にいることになります。うちわが欲しくないはずがありません。クーポン付きうちわを配布すれば、飛ぶように無くなります。お祭りや花火大会の日が配布に最適な理由はもうひとつあります。大多数の人々が、その時間だけ、一定エリアに滞在するからです。

うちわというのは、使用するときには取り出して、自分の体の手前に持ってきて扇ぎます。その状態の人が、数百人、数千人、狭いエリアにいるわけです。まるで、広告を他人に見せ合いっこしているかのような状態に思えるのではないでしょうか。**数千枚の小さな看板を掲げてもらっているのと同じです。**

不動産会社の広告に、このクーポン付きうちわを制作し、配布したことがありました。花火大会当日。マンションの広告が大きく入ったうちわを扇ぎながら歩く人、浴衣の帯止めに挟んでいる女性……。通りにマンションの広告があふれ返っているさまは壮観でした。

ところで、お祭りや花火大会では縁日も楽しみのひとつですね。私もついつい屋台で買い食いしてしまいますが、屋台を一切利用しない、という人も相当数いるようです。衛生面などで不安を感じるのが理由で、そういった主義の人はひと通りお祭りの雰囲気を楽しんだ後、帰りがけにレストランで外食して帰るのだそうです。それから、祭りの余韻が冷めやらず、二次会よろしく繰り出す方もいらっしゃるとか。

つまり、近隣の飲食店にとっても、この日はプロモーションのまたとないチャンスデーだということです。焼肉店などで「生ビール1杯無料」をうたったクーポン付きうちわの事例では、美味しそうなお肉と冷えた生ビールの写真だけでじゅうぶんな吸引力があり、真夏の暑い夜に配ることで効果をさらに何倍にもすることができました。

実施にあたってのポイント

クーポン付きうちわは広告物とはいえ、やはり手に持って使うものであるため、デザイン性が問われます。クーポンを使ってもらうのはもちろんのこと、うちわも使っていただきたいものです。うちわのデザインは、穴も開いていて表現できるスペースが狭いため、どうしても情報がみっしりと詰まってしまいがちです。ですが、**クーポン部分以外はポスターのようなものだと割り切って、使用に堪え得るデザインに留めましょう。**

あえて不公平にする えこひいきキャンペーン

食 売 美 学 治 工 住 リ 不 士 ア 生

　あなたの店舗は、どこにあるのでしょうか。駅前でしょうか、それともロードサイドでしょうか。近隣には何がありますか？　映画館やデパートなど、繁華街の近くでしょうか。それとも、学生たちがひしめく文教地区、工場地帯など……。

　立地上、どうしても外せないターゲット層を持っている場合があります。たとえば大学が密集する学生街のお店であれば、主要客として大学生たちをターゲットにしないわけにはいかないでしょう。

　しかも、「日本全国の大学生」ではなく、「〇〇大学の学生」と名指しできるはずです。同じように、大規模な工場や企業ビルに隣接しているような店舗の場合、そこに勤めている人たちをどうにかして取り入れる必要があります。

　さて、あなたの店舗によく来る人はどんな人か、考えてみてください。役所や大きな企業ビル、大学、工場、病院などが近くにあり、そこに通う人々がよく来ているといったことはありませんか。もしくは、隣にフィットネスクラブやカラオケ店などがあって、その帰りに寄る人が多いな……といったローカルなものでもかまいません。

私が提案するのは、その人々を名指しで「ひいき」してしまおうというものです。基本的に、**お客さまに対しては公平でなければならない、というのは当然のことですが、あえてひいきをすることでコアターゲットを強力に囲い込んでしまう作戦**です。

ターゲットを絞った割引キャンペーンと言えば、携帯電話会社が得意とするところですね。「学割」「ファミリー割引」など、大きくCMを展開しているので目にする機会も多いでしょう。

学生や家族間の利用をターゲットにしているのは、さまざまな理由があるはずです。「通話を利用する頻度・量が多い」というだけでなく、「クチコミが広がりやすい、強いコミュニティであるため、広まれば一気にシェアを奪いやすい」という理由もあるでしょう。また、「お金にシビアである」というのも割引キャンペーンを行いやすい理由のひとつです。学生はせいぜいアルバイトやお小遣い程度の収入しかありませんし、家計をひとつにする家族間にとっては毎月の支出の節約は大きな問題です。携帯電話会社のように、正直なところどこを選んでもそれほど差がないようなサービスでは、単なる割引作戦であっても大きな役割を果たします。

こういった、「コア（売上の核となる）ターゲットである」「強いコミュニティに属している」「割引に反応しやすい」という属性を持ったターゲットが思い浮かぶならば、「ひいき」の対象になります。

とはいえ、**ただの学割や家族割では面白味がありません。もう一度言いますが、コミュニティを「名指し」するのです。ここの細かさにこそ意味があります。**

「○○高校・××高校の学生限定」「○○町にお住まいの方限定」「○○スーパーのカードをお持ちの方限定」「○○映画館の利用者限定」「○○ホールの入場券をお持ちの方限定」……といった具合です。店舗周辺の環境をよく見返してみれば、すぐにいくつも思いつくはずです。

映画館やコンサートホールに近接する飲食店などでは、「チケットの半券をお持ちの方にサービス」というのをよくやっていますね。本来、自分の店舗とは関係のないお客さまをうまく誘導して取り込むことに成功しています。コラボレーションとはいかないまでも、相手の客層を利用しているのです。

私の担当していたある複合オフィスビルのレストラン街は、お昼になるとそのオフィスフロアのサラリーマンやOLがやってきます。しかし、同じビル内にあるから行きやすいとはいえ、そのエリアは飲食店の激戦区。一歩ビルの外に出れば、たくさんのお店がランチ営業を行っています。

ですから、いかにビルのレストラン街を利用してもらう頻度を上げるか、というのが課題でした。一方で、そのビルは大きなイベントホールに隣接しており、イベントが開催された日には多くの一般客が詰めかけ、大きなイベントになると長蛇の列ができるほどの賑わいを見せていました。

さらに、近隣には高級マンション街があり、ランチにお金を使う主婦たちがたくさんいるのですが、彼女たちからはそのビルは「オフィスビル」だと認識されており、レストラン街の存在感があまりないのが悩みでした。

このオフィスビルでは結果的に、それぞれに囲い込み戦略を行いました。ビル内のオフィスには、ランチが割引になる「パスポート」を社員一人ひとりに配布し、「どこでもいい」サラリーマンたちの受け皿に。イベント客には「入場券を持っている方には割引」といったサービスを行い、そして近隣には、町名を限定して特別なメニューや割引といった特典を用意しました。

こういった割引を行うと、対象でないお客さまから「不公平だ」とクレームが来るのではと心配される方もいらっしゃいます。しかし、実際にはそういった声はほとんど聞かれません。「学割」の延長だと思えば至極当然のサービスの範疇です。

えこひいきキャンペーンの事例

新規オープンの、リラクゼーション店でのプロモーション事例です。繁華街から少しだけ離れた静かな立地に、タイ古式のリラクゼーションサロンがオープンしました。モダンアジアン風のおしゃれな内装に、ストレッチを取り入れた気持ちの良い施術。担当する女性スタッフたちの接客も素晴らしいものでした。

ところが、いざオープンしてみると、思うように集客ができません。まずは知っていただくことが大事だろうと、チラシを打ってみたり、ホットペッパーなどのクーポン誌に掲載したりと、手を尽くしてみました。

それによって新規のお客さまは増えるのですが、なかなかリピーターにつながらない。いえ、実際にはリピーターも少しずつ増えてはいたのですが、安定した経営のためにはもっと再来店率を高めていくことが課題でした。

そこで、これまでのお客さまの傾向を調べ直してみることにしました。性別、年齢、住所、来店時間帯、どうやって店舗を知っていただいたのか、どのくらいの長さのコースを選択したか、身体のどの部位を重点的に施術してほしいと希望したか……。

そうすると、長いコースを選択したり、何度も来店してくれたりするお客さまは、電車や車で繁華街に訪れたのではなく、近隣の住宅街から徒歩や自転車で来ていたのでした。繁華街に近いからといって、商圏を広く考えすぎていたのです。

私は早速、近隣の町の住民だけに「タウンプラス」を使用し、特別なキャンペーンを行いました。小さな封筒に二つ折りのカードを入れた、招待状のような仕様です。同じ町にオープンした新しい店舗ですので、まずはお気軽にいらしてください……お持ち帰りいただけるインセンス（お香）のサービスをつけたうえ、お試し価格を提示したDMです。

その結果、町内での認知度も少しずつ向上し、主婦の方々や近隣の店舗のスタッフなどが何度も来店してくれるようになりました。

実施にあたってのポイント

リラクゼーションサロンの事例でもそうですが、**「来店頻度や購入量の多い顧客に共通する傾向は何だろう？」と調べ直してみることが重要**です。性別や年齢層あたりは何となく察しがつくものですが、売上データまで紐づけてみると意外な共通項を見つけることができるかもしれません。それを見つけられれば、「ひいき」のポイントになります。

既存顧客の心と財布をガッチリつかむ定期キュレーション便

食　売　美　治　工

ビジネスにまつわる本を選ぶのはなかなか難しいものです。毎月たくさんの本が発売されている中で、どれが自分の役に立つものかを見定めなくてはなりません。願わくは、本書が今まさに読んでいただいているあなたのお役に立っていると良いのですが……。

それはさておき、**現代は情報が氾濫しており、本に限らずどのような商品であれ、自分に適したものを見つけるには一定のスキルが必要**です。

そこで、なかなか選べないという方のために、現在では「キュレーター」という職業がもてはやされています。キュレーターとはもともと、博物館の学芸員などを指す言葉なのですが、今は「情報を整理し、選別する人」といった意味で使われています。特にニュースやコラムなど、インターネット上にあふれるたくさんのニュースソースからあるテーマに合ったものだけをピックアップしてくれる「キュレーション・サイト」と呼ばれるWebサイトが、忙しい現代人に人気を博しています。

さて、貴社の商品のジャンルは、世の中にどれくらいの種類があるでしょうか。その利用頻度はどのくらいでしょうか。**もしもその種類が多いならば、そして利用頻度が月に1回以上あってもおかしくないならば、「定期キュレーション便」を検討する余地があります。**

つまり、毎月または隔月など一定の期間ごとに決まった額をいただき、商品を発送するサービスです。同じものを送る「定期購入」ではなく、毎回商品が変わり、しかもそのチョイスは店舗側が行うというものです。

毎月1冊、絵本を郵送している書店があります。店主おすすめの日本酒を定期的に配達している酒屋さんもあります。何を「定期」にするかは、アイデア次第です。

特に店舗を運営されている方は、どうしても「店を構えている」特性上、お客さまに来店していただくことをベースに物事を考えます。

もちろん、どうしても店舗に来ていただかなければ提供できない商品やサービスもたくさんあると思いますが、一部の商品については配送することができるものもあるのではないでしょうか。これまでの固定観念の外に思考を巡らすことが、新しい収入源を生み出す第一歩です。

定期キュレーション便を実施することで、いろいろなメリットが生まれます。まずは何と言っても、定期的な収入が得られることです。

このサービスを利用してくれるのは、既存顧客がほとんどです。キュレーションというものは、選んでくれるキュレーターへの信頼にお金を払うからです。たとえば私たちは、会ったこともないソムリエよりも、何度かワインを選んでもらったことがあり、信頼のおけるソムリエのおすすめするワインを飲みたいと思うでしょう（見知らぬ人でも、よほど有名なソムリエならば話は別ですが）。

既存顧客向けのサービスならば、わざわざ定期便にしなくても良いのではないか、と思われるでしょうか。いえ、売上が確定しているという強みは、単にリピーターがいるということよりももっと安心できるものです。

そして第二に、**利用者たちに感動や話題を与えることができます**。

何が届くかわからないというワクワク感と、届いた商品に対する店舗側の想いを知り、商品を楽しむ。もし利用者が商品に満足した場合、あなたの店舗は利用者にとって「新しい世界を教えてくれた、信頼できる店」というポジションを獲得できます。その利用者はこれまでより一層、あなたの店舗を愛してくれるでしょう。

第三に、**通信販売と比べてオペレーションが簡単です**。受注数と発送時期があらかじめ決まっているので通常業務をあまり圧迫せずに進められます。また、商品は自分が決めるので、在庫ロスもありません。

第四に、**定期便利用者リストは重要な財産になります。**彼らは、あなたの店舗の商品を毎月チェックし、レビューしています。店舗にとって最も大事にすべき顧客層であることに間違いありません。今後も、新商品やキャンペーンを真っ先にご案内する相手になるはずです。

そして、定期便利用者でコミュニティをつくることもできます。お互いに、その商品が好きでたまらない人たちです。店舗が仲介役となって彼らをつなぎ、交流させる機会を設けることで、その商品を中心としたコミュニティが育っていきます。それと同時に、定期便の解約率を下げることができます。

定期便を実施する際には、商品だけを配送するのではなく、必ず商品の詳細な説明を添えなければなりません。そこには**商品の薀蓄《うんちく》だけでなく、キュレーターである店舗側がどのような想いでそれを選んだのか、そのこだわりを記す必要があります。**それこそが、自分で選ばずに人に選んでもらう楽しみのひとつでもあるからです。

これだけ情報があふれている時代です。みんな、誰かに選んでほしいのです。特に、日本人はその傾向が強いと言われています。キュレーションサービスはこれからますます盛んになっていくでしょう。

顧客の優越感をくすぐるランクアップカード

食 売 美 学 治 エ リ ア 生

「お客さまは神さまです」という有名なフレーズがありますが、最近はこの言葉を逆手に取って傍若無人に振る舞う厄病神が増えているようです。

そういった方々はさておき、誰しも少しくらいは「自分はお客さまなのだから、丁寧に応対してほしい」とは思うでしょう。足しげく通っている店舗であれば尚更です。特に日本は、世界最高レベルの接客水準を持つ「おもてなし」の国ですから、期待するサービスのレベルも高くなります。

「いつもありがとうございます。こちら、店長からのサービスです」

こんな台詞とともにちょっとしたオプションサービスをつけてくれたら、気分が良くならないはずはありません。

ですが、よく考えてみればこれは「えこひいき」です。企業がユーザーを差別し、一部のお客さまだけを優遇するのは不公平ではないか、という考えもあります。その**解決策は、むしろこの「えこひいき」を公然と行うことにあります。それが「ランクアップカード」**

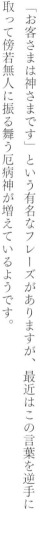

です。

ランク（階位）制度を導入し、公然と「お客さまにはランクがある」ことを示します。一定以上の来店回数、一定以上の購入金額などに応じて、ランクが上がっていく仕組みです。ランクには数段階あり、上がるにつれて特典の内容も豪華になっていきます。

ポイントカードと似ていますが、**決定的な違いは「一度上がったランクは下がらない」「特典は何度でも使える」という点**です。還元しても減らない、累積的なポイントカードを想像していただければわかりやすいでしょうか。

自分のランクがわかり、ランクが上がれば上がるほど優遇されると知って、ユーザーはどう反応するでしょうか。

それをモチベーションとして「よし、じゃあ上を目指して頑張ろう」と足しげく通うような人は……いるとは思いますが、そんなに旨い話はないでしょう。実際には、「へえ、そうなのか」といった程度のリアクションだと思います。

しかし、ランクが上がり、自動的に特典を貰えるようになったとしたらどうでしょうか。途端に、自分が常連客であることを認識することになります。そして、大多数の一般ランクのユーザーと比べ、優越感を得るはずです。

実はこれこそが、ランクアップカードの魔力なのです。まるでドラッグのように、この優越感は快感を与え、依存させる効果があります。つまり、**真の効果はリピーターの失客防止にあるのです。**

特に、日本人は比べたがる傾向があります。周りを見回して、自分が異端になっていないかをチェックします。それでいて、周りの人々よりも幸せでありたい、優れていたいという希望を抱く、何とも難しいパーソナリティを持っています。だからこそ、優越感を抱かせるマーケティングというものは効果が高いのです。

実は、**このマーケティングが面白いように刺さるターゲット層があります。それは、男性です。特に、ビジネスマン世代に対する効果は絶大**です。

男性は（特に男尊女卑的な思想はありませんが）会社という大きな枠組みの中で、否が応にも権威主義や序列といったものを意識させられます。そして、野心や出世欲が生まれてきます。最近は草食系男子と言いますか、そういった思考を辿らない男性も増えていると聞きますが、30代より上の世代では多くの人に当てはまるところだと思います。

つまり、男性はこの「出世（ランクアップ）して他の人より優位に立つ」ことに快感を得るようにトレーニングされているのです。

そしてもうひとつ、ポイントカードと異なり、「使っても減らない」というのが大きなポイントです。

計画的に貯めなければならない、財布の中に入れておかなければならない、一度使ってしまえばまた振り出しに戻ってポイントを貯め直さなければならない……ポイントカードのデメリットを、**「自動的なランクアップ」の仕組みはすべてクリアしています。これも、面倒を嫌う男性層にヒットしやすい理由のひとつです。**

実際に、「ランクアップカード」の仕組みは男性ビジネスマン層をターゲットとした業態で多く使用されています。

有名なところではチェーン系の居酒屋や、立ち食いのステーキハウスといった業態でランクアップカードが導入され、最高ランクに達した人は嬉々としてSNSにカードの画像をアップするなど、ステータスに目がない男性層の心理を上手く突いた販促手法だと言えます。

ランクアップカードを実現し導入するためには、購入頻度や購入金額などの顧客情報を把握しておく必要があります。

顧客分析が難しい場合には紙のポイントカードを貯めることでランクアップを行っても良いのですが、肝心のポイントカードを持たせ、貯めさせるのが難しく、なかなか上位ランカーが現れにくいというデメリットもあります。貴店の運営状況に応じて選択してください。

差し迫った有効期限を突きつける店頭フラッシュクーポン

食 売 美 ア

本書ではいろいろなクーポン販促をご紹介していますが、**クーポンチケットにもデメリットはあります。それは、「面倒臭さ」と「プライド」**です。

クーポンを切り取るのが面倒臭い、財布に入れて持ち歩くのが面倒臭い、財布から取り出して手渡すのが面倒臭い……そういった面倒臭さをなるべく感じさせないために、私はいろいろと策を講じてきました。前述の「クーポン付きうちわ」もそのひとつです。最近では、スマートフォンのアプリでいつでも入手できるクーポンを発行する企業も増えてきました。

それから、安さを求めてクーポンを取っておくようなケチな人間に思われたくない、という理由で、頑なにクーポンを利用しないという人もいます。こういった人はそもそもクーポンに対して否定的なので、クーポン販促の「効かない」層であると言えます。

しかし、そんな層に対してもクーポンを使ってもらう方法があります。それが「店頭フラッシュクーポン」です。

ひと昔前、「グルーポン」「ポンパレ」などを代表とする、フラッシュクーポンサイトと呼ばれるＷｅｂサイトが爆発的に流行した時期がありました。

制限時間内に一定数の消費者が共同購入を行うことによって、50％ＯＦＦ、90％ＯＦＦといった大幅な割引が行われる仕組みで、その格安さが魅力でした。「フラッシュクーポン」というネーミングは、購入に制限時間があったり、使用期限も非常に短かったりと、クーポンの特性が瞬間的であることから名づけられたものです。

このフラッシュクーポンを、店頭で発行してしまおうというのが「店頭フラッシュクーポン」です。

店頭でクーポンを発行するなんて馬鹿げている、と思われるかもしれません。放っておいても購入するであろうお客さまにわざわざクーポンを発行したら、売上を下げるだけじゃないか……とお感じになるでしょうか。

しかし、その場で割安な商品を提供するという意味では「今日のおすすめ」や「今月のキャンペーン」と大差はありません。むしろ、追加購入や大量購入を促すことができるかもしれないチャンスだと考えられないでしょうか。

「今日のおすすめ」や「今月のキャンペーン」と異なるのは、メニューやポスターでの告知はせず、来店時にチケットの形で、その場でクーポンを手渡しするという点です。ここでのポイントは、クーポンチケットを渡すということにあります。つまり、「本日限定で○○が割引価格です」と口頭で伝えるのはNGです。**「フラッシュ」の効果は、期限つきの権利を意識させることにこそあります。口頭で伝えるだけでは、それを意識させるのに十分ではない**のです。

店頭フラッシュクーポンは、**紙のクーポンに、その日の日付をスタンプで押したものを「当日限り有効のクーポン」として渡します。**

これは既に切り取られているクーポンで、しかも自分の掌の中にあります。さらに、自分はすでにそのクーポンが利用できる店舗の中にいます。これらの条件は、クーポンのデメリットを見事に打ち消しています。

そして、クーポンはその日の来店者全員に配られています。また、自分はクーポンを使おうと持ってきたのではなく、たまたまその日に来たために特別な権利としてクーポンをゲットしたのです。

このようなシチュエーションであれば、クーポンを使うことは決して浅ましい行為ではなく、むしろチャンスを堅実にモノにする賢い選択であるということになるでしょう。ユーザーの「プライド」を傷つけずに済むのです。

そのように、非常に使いやすい状態のクーポンですが、残念なことに有効期限が差し迫っています。**本日限定、つまり店を出た瞬間に権利は消滅してしまうのです。本日の日付をスタンプし、紙で手渡すことでそれは強烈なメッセージとなります。**ユーザーの掌の中で、文字通り手に汗握るような焦りを生じさせるのです。

時間を区切ることのプレッシャーは相当強いものです。グルーポンなどの「フラッシュクーポンサイト」の成功も、この「期限が来ると消滅してしまう権利」にありました。共同購入でクーポンを獲得したユーザーは、権利が消滅してしまうことを恐れて高い確率で来店したのです。

一方、「店頭フラッシュクーポン」は共同購入ではありませんので、権利が消滅しても金銭的な損は発生しないのですが、それでもユーザーは「損した気分」を味わいたくない、と考え、比較的高い確率でクーポンを使用します。クーポンの対象とするのは、誰もが購入するような主力商品ではなく、付加価値の高い商品にするべきでしょう。

あくまでもこの店頭フラッシュクーポンが狙うのは、「追加購入」や「大量購入」です。ガソリンスタンドであれば、ガソリンではなく洗車やオイル交換を。ヘアサロンであれば、カットやパーマではなくトリートメントや店販商品を。

「また今度でいいかな」と敬遠されてしまいがちな商品の購入に対して背中を押してあげることが、フラッシュクーポンの役割です。

SNSの強みを最大限に活かす SNS登録&チェックインキャンペーン

食 売 美 学 治 工 ア 生

本書では、あえてSNSやホームページを利用した販促手法のご紹介を極力少なくしています。「はじめに」でご説明した通り、それらを利用した販促は中長期的なブランドコミュニケーションとして使っていくべきものが多く、「今すぐ売上がほしい」ニーズとは少し違っているからです。

また、Web上でのチラシ的販促と言えるランディングページやリスティング広告などの活用については良書がたくさん出回っていますので、とりわけここでご紹介することもないと判断したからです。

ですが中小企業や店舗ではSNSを利用していることも多く、特に中小企業向けの販促セミナーなどで「SNSは自分たちで運用できる最強の発信ツール!」「SNSでクチコミを起こして集客!」といった煽り文句を耳にしたこともあると思います。

実際のところ、それらはすべて正しく、**発信し続けることで中長期的な集客につなげられるツールであることには間違いありません**（**相当な努力と根気が必要なことももまた確かです**

が）。今回は、ＳＮＳの短期的な利用方法についてご紹介したいと思います。

発信ツールといえば、メールマガジンを行っている企業も多くいらっしゃるでしょう。メールマガジンは一斉に送信できて、送信側からすれば便利なツールです。登録者リストが増えてくると嬉しいものですが、一方で頻度・内容の調整、登録リストの管理などが課題としてついて回ります。

さらに近年、急浮上してきた課題が「メールアドレスの形骸化」です。「ＬＩＮＥ」などのメッセンジャーアプリが普及し、携帯電話のショートメッセージ（ＳＭＳ）も機能が充実してきたことで、知人とのメッセージのやり取りにメールアドレスを使用する機会が激減しました。それに伴って、自分のメールアドレスを持っていない、または覚えていないという人が増えてきたのです。

メールマガジンの衰退に合わせて、交代するように登場してきたのがＳＮＳです。ＳＮＳのアカウントは、今や重要な個人情報。ＳＮＳで少しでも多くのファンを獲得し、情報を届けられるようにすることが販促の第一歩になりつつあります。

フェイスブック、ツイッター、ＬＩＮＥ＠、インスタグラムなどのアカウントはお持ちでしょうか。どれも特徴あるＳＮＳですが、**共通しているのは「ユーザーとつながらなければ何の役にも立たない」ということです。**いくら投稿を行っても「王さまの耳はロバの耳」のように、誰もいない空間に叫び続けることになってしまいます。そこで、何はともあれ自身のアカウントを公開し、登録してもらうためのアクションが必要となります。

貴社のアカウントに登録してくれる確率が最も高いのは、スタッフや知人を除けば「既に貴社のファンである層」＝「既存顧客」です。だからこそ、SNSの登録を促す販促は店舗の中で行うのが基本です。

居酒屋や焼肉屋などで、「今この場でメールマガジンに登録してくれたら、一品サービス」というキャンペーンを行っているのを目にしたことはあるでしょうか。実はあの「直接話し掛けて登録を促す」のが、最も登録率の高い方法です。

SNSやメールマガジンの登録は登録フォームの入力操作が面倒ですし、あとで販促のメールが送られてくるのがわかっているので気乗りしないものです。喜んで登録してくれるのは生粋のファンくらいのものでしょう。ですから、目の前にニンジンをぶら下げるという古典的な方法を使います。

人間は、後で特典をもらうのと、今すぐもらうのとでは、多少特典が少なくても「今すぐ」を選びたくなります。**時間が経つほど特典のありがたみが薄れていくことを、行動経済学では「時間割引」と呼んでいます。つまり、今すぐ特典をあげるという条件であれば、かなり無理を聞いてくれる可能性がある**ということです。これを利用して、少しハードルの高い要求を出してみてはいかがでしょうか。

「今この場でＳＮＳに登録していただけたら、一品サービスいたします。さらに、チェックインして投稿までしていただいたら、お持ち帰りのお土産をプレゼントいたします」

このような具合です。実際には、この提案に対してのお客さまのリアクションは大きくわかれるでしょう。

個人情報に対する考え方、個人情報にどれくらいの価値を感じているかは人それぞれです。いくら大金を積まれようと絶対に登録しない、という人もいれば、一品サービスだけで投稿までしてくれる人もいるでしょう。そればかりは個人の選択ですから、断られても気にする必要はありません。

本来であれば、ユーザーとの地道な関係づくりと根気強い定期的な投稿によって、徐々に効果を発揮していくのがＳＮＳのあるべき姿です。

それは百も承知のうえで、まずは「いいね！」やフォロー、シェアやチェックインを増やしていかなければ、ＳＮＳの運用そのものが暗礁に乗り上げてしまう可能性があります。私たちも「時間割引」の法則にならって、目先の利益を獲得してしまいましょう。

Part 4

ちょっとした工夫で売り上げが倍増する販促技

地域の「一番店」になる啓蒙かわら版

食売美学治工住リ不士生

クーポン特化型のフリーペーパーが隆盛となるまでは、地域でのフリーペーパーはタブロイド誌、つまり新聞のような体裁をとった「ミニコミ誌」が主流でした。ミニコミとはマスコミの対義語であり、ミニ・コミュニケーション、限られた地域やテーマで発行されるメディアのことです。

つまり、フリーペーパーと言えども「メディア」の端くれであり、地域の情報や特定ジャンルの情報を届けるのに役立っていました。**クーポン全盛の時代を過ぎた今、改めて情報メディアとしてのフリーペーパーが見直されている**ところです。

あるエリアの情報、あるジャンルの情報を得たいとき、今はSNSやインターネットに頼ることが多いでしょう。しかし、そのエリアが狭くなるにつれ、Webがカバーできる範囲も狭くなっていきます。

たとえば、あるジャンルにおいて、自分が暮らす地域で最も信頼できる会社はどこか。クチコミサイトの情報は、そのまますべて鵜呑みにはできません。ある地域での「信頼できる情報」は、どこから得れば良いのでしょうか。こういった悩みを抱えている消費者は意外と多いものです。

そこで、**貴社自身が、その地域向けの広報誌、いわゆる「かわら版」を発行し、地域のお客さまに向けて配布し発信することをおすすめ**します。

貴社では、広報誌のようなものを発行されているでしょうか。スタッフ向けの社内報を発行している会社は多いでしょう。もしくは、定期的に広報誌代わりのチラシを発行している、という場合もあると思います。

ですが、ここで言う「かわら版」はそういった類のものではありません。私はそれを「啓蒙かわら版」と呼んでいます。

啓蒙かわら版は、フリーペーパーのような本格的な編集をする必要はない、という意味であえて「かわら版」と古いネーミングをつけています。それともうひとつ、人間味あふれる温かさを紙面に盛り込んでほしいという願いも込めて、アナログ感ただようネーミングが良いと考えました。

この啓蒙かわら版は、社内報ではありません。

ですからもちろん、社員旅行に行ったとか研修を行ったとかいう内輪向けの情報は不要です。そして、ここが大事なところですが、チラシでもありません。よくある「広報誌」

では、中身はすべて自社の広告で、新しいキャンペーンや売りたい商品などをフリーペーパーのような体裁でまとめただけのものであることが多いものです。

「啓蒙かわら版」で書くべきことは、広告ではなく、「読者にとって役立つ情報」です。しかも、プロにとっては当たり前の、「超初心者向け」の内容であるべきです。

よく知らない、馴染みのないジャンルに飛び込むとき、私たちは不安を覚えます。そのときに、親切に教えてくれる人がいたらどうでしょう。少なからず信頼感を抱くはずです。売り文句を並べるのではなく、先に必要な知識を与えてあげることで信頼を獲得し、指名をもらうのが「啓蒙かわら版」の作戦です。

介護業界向けの講演をするとき、私はこの「啓蒙かわら版」を強くおすすめしています。介護という業界そのものが、要介護状態の家族がいない家庭にとっては馴染みが薄いからです。

たとえばあなたの街にある介護施設を、いくつか名前を挙げることができるでしょうか？

おそらく、なかなか難しいのではと思います。介護業界は、圧倒的な強さを持ったナショナル・ブランドが存在しないのです。つまり、いざ困ったときにぱっと思い出して頼ることのできる相手が浮かびづらいということです。

家族が認知症になったら、誰に相談すれば良いのか？　介護用品はどう揃えるのか、その種類は？　介護施設の業態ごとの違いは何？

初めて介護とかかわる消費者にとってはわからないことだらけで、不安になってしまいます。

啓蒙かわら版でそういった知識を提供してあげることによって、貴社が地域住民にとっての「みんなの先生」になっていくのです。その立場を得ることができれば、いざ困ったときに真っ先に思い出してもらえる存在になることができます。

これは現在では、広義の「コンテンツ・マーケティング」という言葉で表される手法です。**優良なコンテンツをたくさん生み出し、その読み物としての力を集客力に変える。**主にWebや動画などで表現されるものですが、それを簡易的でアナログな「かわら版」に落とし込むことで、自社のホームページを訪れてくれない人々にもコンテンツを届けることができるのです。

地域で愛され、長らく続く人気を獲得していくためには、販促もただやみくもに売りまくろうとするのではなく、地域に根づくような手法を選んでいかなくてはなりません。

貴社が「みんなの先生」になって、地域での「一番店」の座を獲得してください。

啓蒙かわら版の事例

実は、この「啓蒙かわら版」は自分自身が使用したことがあります。つまり、広告を依頼していただいている企業・店舗の方々に向けて月刊で発行し、郵送していたのです。反響はすぐにあり、そしてずっと続きました。ことあるごとに「あれ、毎回読んでいるけれど勉強になるね。面白く読んでいるよ」と言っていただけたり、「ファイリングしている」「コピーして広報部のメンバーに配っている」といった声が聞こえてきたりと、想像以上の反応でした。

また、**同様の内容をホームページにもコラムとして掲載していたところ、それを読んだという企業の方から新規の仕事のご依頼をいただいた**こともありました。「書いてあった内容に納得したので、こういった考え方の会社であれば良い仕事をしてくれるに違いないと思いました」と言ってくださったのです。

それから、前述の介護業界でも、嬉しいエピソードがありました。

ある介護施設のお話です。こちらの施設では採用活動で困っており、いろいろな求人サイトやチラシを試してみたものの、思うような効果を上げられずにいました。

そこで、以前から利用者の家族やケアマネジャー向けに作成していた広報誌を活用する提案をしました。求人チラシの裏面に、これまでに発行した広報誌の内容をダイジェストで掲載したのです。

この施設で発行している広報誌の内容は、社長さんの人柄と介護への真摯な姿勢が文面から伝わってくる、素晴らしいものでした。

そのチラシをきっかけに採用状況は好転し、最終的には希望の人数を採用することができたのです。チラシの裏面に書かれた心のこもった文章は、求人への応募を検討した方の後押しになったに違いありません。

実施にあたってのポイント

かわら版ですから、カッコ良さを求める必要はありません。むしろ、手書きのほうが味もあってちょうど良いくらいです。

まずはひとつ、超初心者向けの内容を書いてみてください。そして、この方法は続ければ続けるほど効果が高まっていきます。

価格競争と広告競争は嫌だ、これからはブランド力を上げていきたい……とお考えの方にはうってつけの手法だと思います。

難しい内容をわかりやすく伝える漫画チラシ

食 売 美
学 治 エ
住 リ 不
士 ア 生

日本人ほど漫画が好きな国民はいないでしょう。電車の中やカフェなど、公共の場所で平然と漫画を読むのは日本人だけだという話を耳にしたこともあります。

その真偽のほどは確かではありませんが、通勤電車の中で悠然と『少年ジャンプ』を広げるサラリーマンの姿を見ると、あながち嘘ではないのかもしれません。最近では電子コミックも人気のようで、スマートフォンで漫画を読んでいるのをよく見かけます。

近年、クール・ジャパンというブランドのもとに日本のアニメや漫画、ゲームなどのサブカルチャーが海外で注目されているように、日本のサブカルチャーは独特な発展をしてきました。**漫画においても、そのコマ割りやフキダシなどの技法は実に表現が多彩です。これを広告に用いない手はありません。**

その試みは、古くから行われてきました。最も有名であろう漫画広告「日ペンの美子ちゃん」は、初出が1972年というのですから驚きです。確かに、私が子どものころにはすでに漫画雑誌の裏表紙で見かけた記憶があります。

そのほかにも、女性誌などの雑誌には、体験記をふんだんなイラストと手書きの注釈で表現した「体験記漫画」が掲載されていることも多いです。そのような漫画を、一度はご覧になったこともあるのではないでしょうか。

漫画広告が多用されるのは、奇をてらっていて面白いからではありません。通常の広告にはできない、すごいことができる広告手法だからです。

第一に、**アイキャッチ効果が非常に高い**こと。たとえば「新聞をあまり読まないけれど、裏面のテレビ欄と、そこから1枚めくったところに掲載されている四コマ漫画だけは読む」という人が多くいます。

漫画は、日本においては老若男女に愛される娯楽です。ポストに入れられたチラシの束にひと通り目を通してゴミ箱に捨てる前に、おやっと目を留めさせるだけの効果が漫画にはあります。そして、興味はないしきっと宣伝だろうけれど「漫画だから」とりあえず読もうかな、と思わせる——。これこそが漫画の力です。

第二に、**伝えたい内容が「時間をかけて説明しないと理解が難しいもの」の場合、漫画は非常に高い説得性を発揮**します。たとえば保険や金融、それから宗教勧誘などではよく漫画広告が使用されます。漫画の場合、文章がフキダシになっているので読みやすい、必ず絵が隣にあるのでイメージがしやすい、という利点があります。それから、こういった漫画広告では主人公役として、その分野に無知なために悩んでいる人物が登場します。その主人公はつまり、読者自身に感情移入してもらうためのキャラクターです。そして、その主人公に新たな知識を教える狂言回し的なナビゲーターが登場し、さまざまな解説を行っていく……というのが漫画広告のオーソドックスなストーリーです。

最初に悩みを提示し、それを解決する商品・サービスを示し、そのメリットを列挙しながら不安点を払拭していく……漫画広告のストーリー展開は、Ｗｅｂ上で展開される縦長のランディングページの手法とよく似ています。それだけ長いストーリーを滔々と展開できるだけの吸引力と説得性が、漫画にはあるのです。

そして第三に、**漫画広告は「敷居の高い商品やサービス」に向いています**。高額そうだ、始めるのが面倒だ、マニアックだ……など、「なんとなく自分とは無縁な気がして敬遠している」層が多いようなジャンルのものです。たとえば、プロレス観戦や競馬など、男性が好みそうな趣味に女性を呼び込みたいときなどには漫画は使えるかもしれません。

実際に私も、いくつかの業界で漫画広告を使用した事例があります。

そのひとつは千葉県からの依頼でした。県内に多数存在するＮＰＯ団体の支援と、県民（特に若年層）のＮＰＯやボランティアへの参加促進を狙ったプロモーションを請け負いました。

ひとくちにＮＰＯといっても、どんな団体があって何をしているのか、若者はピンときてくれません。私が提案したのは、当時まだそれほど市民権を得ていなかったアニメタッチの漫画広告でした。いわゆる「萌え」の要素を含んだものです。

ＪＲの中吊り広告で、アニメタッチで描かれた男女のイラストと大きなキャッチコピー。さらに千葉県のホームページ内に、電子コミックのような形でＮＰＯについて解説する漫画を制作し掲載しました。

ＮＰＯって何の略？　ＮＰＯって何をしているの？　どんな団体があるの？　参加するとどんなことがあるの？　参加したくなったらまずどうすればいい？

これらの情報をしっかりと伝えようと思えば、それなりのパンフレットが必要になるでしょう。ですが、それを若者に手渡し、熟読してもらうのは至難の業です。漫画でこそリーチできたプロモーションと言えるでしょう。

現在では、**新進の漫画家やイラストレーターを組織し、漫画広告を専門としたエージェントを行っている会社もありますので、依頼のハードルも下がりました。**

予算的にも、ちょっとした漫画であれば低コストで実現できるようになりました。漫画広告は今までターゲットにしてこなかった層へ広げていきたい、ユーザーを啓蒙したい、などという要望に応えられる、数少ない手法です。ぜひお試しいただきたいと思います。

漫画チラシの事例

変わったところでは、アナログ放送から地上デジタル放送へとシフトしていった「地デジ化」の時代に、豪雪地帯をターゲットにした漫画広告を制作したことがあります。当時、地デジ化の対応は都心から離れるほど遅れており、各社とも攻略に難儀していました。地デジ化に関する情報に触れる機会が少なく、なかなか理解が得られなかったのだそうです。

そこで、ある無線機器メーカーがひとつの作戦を思いつきました。東北などの豪雪地帯では、雪が降ると屋根のアンテナに雪が積もり、テレビの映りが悪くなったり、見られなくなったりといった不具合が多かったのだそうです。アナログテレビの不便さを感じている方々に、地デジへの切り替え理由として「雪でも大丈夫！」というただ一点の理由だけで押し切ってしまおうという、今にして思えばかなりユニークな広告でした。

テレビを楽しんでいた雪ダルマは、吹雪の影響でテレビが砂嵐になってしまい苦々しい顔……。そこで、地上デジタルチューナーを設置！　雪の中でもテレビが快適に見られて良かったね、という内容です。文章にしてしまうと何だか陳腐ですが実際にテレビが雪の影響を受けて困っている人が見れば共感できるような内容でした。アナログ放送終了やその対応、地デジ化に関する工事のご案内をただ説明するチラシよりは、はるかにわかりやすいチラシであったことは間違いありません。

それから、最近ではＩＴ系企業の会社案内パンフレットの中に漫画を掲載しました。会社案内の1ページに漫画を入れたのはかなり勇気の要ることでしたが、結果的には大成功でした。

ＩＴ系の事業サービスは、どうしてもわかりにくいシステムなどの話に終始してしまいます。写真やイラストの少ない、無機質で中身のないパンフレットになってしまいがちです。漫画によって、登場人物たちが感情豊かに読者を惹き込み、ＩＴサービスの内容をわかりやすく示していくことができました。実際にパンフレットを手にした取引先からは、「理解しやすい」「人間味があって親しみやすい」などの声が聞かれたそうです。

実施にあたってのポイント

漫画の制作に携わるという体験は楽しいので、つい編集者のような気分で凝ってしまいがちです。また、想像以上にわかりやすいため、少ないページ数であれもこれもと詰め込みたくなってしまいます。**漫画だけですべてを完結することはできませんので、あくまでダイジェスト版と割り切って、ディテールは漫画家さんにお任せしましょう。**

お客さまをこっちの世界観に引きずり込む小説チラシ

食 売 美 工 住 リ 士 ア 生

広告というのは本来、見たくもないのに届けられるものです。だからこそ広告会社はあの手この手で見せようとするわけですが、別の用途を加えることで注意を引く方法があります。前述した漫画広告や、うちわ型、カレンダー型の広告がそのひとつですが、小説を利用する方法もあります。

漫画と同様、日本人は文章が大好きです。最近では移動中や食事中であっても、スマートフォンでさまざまなニュースやコラムを読み、Ｗｅｂサイトを渡り歩きます。活字中毒という言葉がある通り、文章さえ書いてあればとりあえず読む、という条件反射のような状態になってしまっている人もいます。

それを逆手にとって利用したのが、文章だらけの広告です。

電車の中吊りなどで、紙面いっぱいにずらずらと文章が書かれた広告を見たことはないでしょうか。車内を見渡せば、ひとつの車両に必ずひとつくらいは見つけられるはずです。あのような広告は、「文章が書いてあればとりあえず読んでしまう」といった日本人の習性を利用しているのです。それが広告のための文章だとわかっていても、狭い車内に閉じ込められて暇を持て余した状態の乗客にとっては読むこと自体がひとときの暇つぶしになるからです。

さて、そういった**「長い文章のチカラ」をチラシにおいても活用しようというのが、小説チラシ**です。しかし、中吊りでよく見るタイプの広告と決定的に異なるのは、「長いキャッチコピー」でも「長い説明文」でもなく「長いユーザーの声」でもなく、「小説」である、という点に尽きます。フィクションである、という前提こそが重要なのです。

例を挙げてみます。不動産の広告で、開放的な吹き抜けが特徴的なモデルの広告だったとしましょう。

A．○○ホームの住宅は、吹き抜けになった開放的なリビングが特徴です。天井が高くゆったりとリラックスでき、家族との時間が楽しみになりそう。

B．「リビングが開放的なので、とてもリラックスできます。居心地が良いので、家族とのだんらんの時間が増えたような気がしますね」（購入者のNさん）

C．息子とリビングで楽しそうに遊んでいる康夫の姿を、優子はキッチンから微笑ましく眺めていた。この家に住んでから、家族で一緒に過ごす時間が増えた気がする。

いかがでしょうか。良し悪しはあれど、まったく違った印象を受けたのではないでしょうか。

Aは商品の特徴をきっちりと伝えていますが、キャッチコピー、つまり広告文であり、それ以上でもそれ以下でもありません。

Bは、購入者の声として紹介することで親近感がわき、吹き抜けになったリビングの開放感に信憑《ぴょう》性が生まれます。これだけでは広告会社が用意した文章に見えてしまうかもしれませんので、実際の顔写真があればもっと信頼感が増すでしょう。

Cはどうでしょう。他とはまったく異なったアプローチです。信憑性とかそういった物差しは、どこかに行ってしまった感じがしませんか。それよりも、主人公・優子の心情のほうに関心が向くのではないでしょうか。

小説とは、主人公に感情移入し、その心情を自分に置き換えながら読むものです。そして、小説の中の主人公は読者に嘘をつきません。なぜなら、読者は主人公の心の中を「地の文」という形で覗くことができるからです。

「読者に対して絶対に嘘をつかない人間」の感想に、読者が勝手に感情移入して共感してくれる。これほど強力な「ユーザーの声」があるでしょうか。

もうひとつ、小説はその世界観とストーリーを自由に設定できます。読者が最も共感しやすいであろう主人公の環境、ブランドとして最も感じてもらいたい価値観、涙なくしては読めない感動のストーリーを散りばめ、最高の体験談を創作することができるのです。

ですがひとつだけ、この小説が読者に対してついている最大の嘘があります。それは、その文章すべてがフィクションであり、広告であるということです。この嘘を上手に隠しながら、主人公に感情移入させる必要があります。

そのためには、ご都合主義にならず、自社商品の売りをすべて盛り込もうとせず、小説としてのクオリティを維持することです。

現在はインターネットでも自身の文芸作品を発表している方がたくさんいますし、マッチングサイトなどでは有能なライターの方を数多く見つけることができます。そういった方々に依頼することで、読んで損したと思われない掌編小説を作りましょう。

出来上がった小説は、少しずつ小出しにして定期的なチラシに掲載したり、まとめて短編集としてノベルティのように配ったりといった活用もできます。また、Ｗｅｂサイトに掲載して、ブランドのコンセプトを感じていただくためのツールにもなります。

肉を切らせて骨を断つノウハウ提供

食 売 美 学 治 エ リ 士 生

私たちは普段、さまざまなサービスを利用します。サービス業というのは基本的には人が行うものですから、やろうと思えば自分でもできないことはない、といったものもあります。

では、なぜ自分でやらずに人に頼むのでしょう？　その理由を考えてみると、大きくいくつかにわかれます。

「専門性」（自分では実行できないから）

「時間短縮」（自分でやると時間がかかってしまうので、早く済ませたいから）

「利便性」（面倒だから）

おおよそこれらのうちのひとつに当てはまるでしょう。

医療や大掛かりな工事などは「専門性」を買っていると言えますし、ワイシャツのクリーニングにお金を払うのは「時間短縮」や「利便性」でしょう。同じクリーニングでも、しみ抜きなどは「専門性」ですね。

実は、肉を切らせて骨を断つ「ノウハウ提供」とは、サービス業の3つの来店理由のひとつである**「専門性」を「お客さまに無償で差し上げてしまう」**ことです。

そんな馬鹿な、と思われたでしょうか。そんなことをしたら、お客さまはサービスを利用してくれなくなってしまうと感じるでしょうか？

例を挙げてみましょう。

もしも、クリーニング屋さんがしみ抜きの方法を教えてくれたら、あなたは自分でやるでしょうか？　大好きな中華料理屋さんから美味しいチャーハンの作り方を教えてもらったら、もうそのお店には行きませんか？

もう行かない、という人ももしかしたらいるかもしれませんが、ほとんどの人は「それでも行く」と答えるのではないか、と私は考えます。

余談ですが、私は以前、網戸の交換方法を習ったことがあります。網戸の交換に使う器具は意外と安く、百円均一ショップでも手に入るほどです。覚えてみると、それほど難しい作業ではありません。

ですが、私は一度も網戸を交換したことがありませんし、もしも次に網戸が破れてもリフォーム業者を呼ぶでしょう。なぜなら、私はリフォーム業者ほど上手にはできないだろうと思うからです。「専門性」は、おいそれと真似のできるものではないのです。

私は普段、企業のブランドづくりにおいて、「専門性」こそが何よりの武器だと力説しています。決して真似のできない強みこそがお客さまに支持され、売上につながるのだと考えます。

だからこそ、それをあえて一度渡すのです。つまり言い換えれば、**「素人では100%再現することはできないから」渡すのです。これはあくまで、ブランド力を高めるための戦略**だと割り切っていただければ、抵抗感は少し薄まるのではないかと思います。

Webサービスやアプリではよく、「フリーミアム」という手法が採られています。フリー（無料）とプレミアム（付加価値）から生まれた言葉です。基本機能は無料としながら、追加機能の使用やグレードアップをしようとすると有料になる仕組みです。スマートフォンのゲームもこの仕組みが多いですね。

Webサービスの運営会社は、莫大な投資をしてサービスを作り上げているわけですが、それを利用する大多数の人にとっては無料なわけです。

さて、この会社は慈善事業でも行っているのでしょうか？

当然違いますよね。ユーザーたちに使い勝手を試させ、そのサービスについてのレビューがあふれるにつれ、より多くの人に広まっていく。それとともに、無料で使い続けた人にとっては「なくてはならないツール」というポジションを獲得するのです。

ブランドの信頼感をしっかりと上げることができれば、ユーザーたちの評価が高まり、その中からヘビーユーザー（お金を払ってもより高度なサービスを得たいと考える人）が生まれていきます。

さて、どのように無償提供し、それがどのようにして売上につながるかという話に移りましょう。基本的にはイベントやセミナーで提供する方法、もしくはそれ自体を特典とする方法があります。

飲食店であれば、定番メニューを再現するための料理教室を開催する。リフォーム会社であれば、網戸や障子の張り替え、清掃の方法などをレクチャーするといった具合です。

ノウハウそれ自体を特典とする場合であれば、既存顧客向けのDMが望ましいでしょう。レシピブックやノウハウブック、プロが使う道具のプレゼントなども良いかもしれません。

既存顧客向けDMでなく、新規向けのチラシでも良いのですが、あまりおすすめしません。なぜなら、自社に対する認知度・信頼度の低い状態でノウハウだけを渡しても、売上や来店といった見返りはあまり望めないからです。

ノウハウを提供するということは、それこそ虎の子を差し出すことです。慎重に、使いどころを誤らないようにしましょう。

困ったときに、真っ先に自社を頼ってもらうもしもカード&チラシ

士 治 リ 生

人生は何が起こるかわかりません。それまではまったく考えもしていなかったのに、あるタイミングで急に必要になる商品やサービスがあります。たとえば、病気にかかった際の医療サービスは当てはまりますね。それから、修理・修繕のサービス。葬儀なども含まれるかもしれません。

さらに、ものすごく急というわけではありませんが、今までまったくかかわって来なかったために基礎知識が不足していて、いざ必要になった際にどうすれば良いかわからなくて困ってしまう、という種類の商品やサービスがあります。

これは、**人生においてかかわる回数の少ないタイプの商品・サービスです。リフォーム、DIY、注文住宅、株式投資、相続、保険、婚活、介護、興信所、産婦人科……などが挙げられます。**

さて、そんな「困った」タイミングのときに、いったい消費者はどうやって利用する店舗を決めるのでしょう。病院くらいであればかかりつけの所があるかもしれませんが、そ

れ以外はそうそう頻繁に利用するサービスではありません。かと言って、じっくりと何日も比較検討している場合ではないのです。今まさにどこかに連絡しなければならない、そんな状況では、消費者は正常なプロセスでは動きません。

ひと昔前では、タウンページなどの電話帳を利用したでしょう。今でも、自治体などではそういった困りごとに対応した電話帳を発行していることも多くあります。ですが現代であれば「スマートフォンで検索する」という方が多いと思います。

それでは、そういったお客さまを獲得するためにはホームページの検索順位を上げるしか方法はないのでしょうか？　検索連動型（リスティング）の広告を出稿し続けて、短期的な需要を拾っていくのが正しい方法でしょうか？

いいえ、そんなことはありません。**確かにWebに力を入れることも重要ですが、もしも貴社のサービスが比較的狭いエリアをターゲットにしているならば、もう少し地に足を着けた方法**をご紹介したいと思います。

すでに一部の業態ではお馴染みの手法ですが、マグネット製の小さなカードをポスティングする手法をご存じでしょうか。家庭でよく冷蔵庫などに貼られていることの多い「アレ」です。私は「もしもカード」と呼んでいます。

常に目につくところに広告を表示させておき、「困った」タイミングで思い出していただくというこの「もしもカード」は、なぜか限られた業態でしか実施されてきませんでした。不用品回収や水道工事サービス、引越サービス、便利屋などです。どれも、困ったときに電話一本で駆けつけてくれるサービスですね。

このカード、**「困った」タイミングを重視する業態であれば、どのようなジャンルにも応用できる**ものではないでしょうか。たとえば、前述の保険、介護、興信所、リフォームなど。私が提案した事例では、夜間診療を行っている動物病院もありました。

「もしもカード」の実施は簡単なようですが、いくつか重要なポイントがあります。水道工事サービスや不用品回収などのマグネットカードは「数撃ちゃ当たる」の戦法でとにかくばらまかれていますが、私はただ配るだけというのはおすすめしません。

美観の問題で、冷蔵庫や家電の壁にマグネットを貼りたくないという人もいます。それでも、「本当に困ったとき、本当に急いでいるときにきっと必要になるはずだ」と考えてもらえれば、もしかしたら貼ってもらえるかもしれません。つまり、この「もしもカード」を保存し、どこかに貼っておくべき理由は何か、受け取った消費者にプレゼンテーションしなければならないのです。

ですから、**「もしもカード」だけではなく、趣旨を説明するための「もしもチラシ」を同封することをおすすめします。**

実はこのような「困ったときの商品・サービス」は、広告しづらい商品のうちのひとつです。人間は基本的に、自分の身に降りかかっていないことを想像するのが苦手であり、そのためにお金を払うのも嫌います。

保険という商品は、長年にわたる啓蒙と、営業マンたちの熱心な営業活動によってここまで浸透しているのでしょう。ですから、まずは啓蒙する必要があるのです。

「もしもこんな事態になってしまったら、もしもトラブルが発生したら、あなたはまず何をすれば良いかご存じですか？　解決するのにすごく苦労するケースがあるのをご存じでしょうか？　お困りのとき、お急ぎのとき、ここに電話していただければ、ここまで解決して差し上げることができます」

このような具合です。**これを同封するだけで、「もしもカード」の成功率が飛躍的に向上します。**ただ何となくポストに入っていたマグネットカードを貼っておくのと、「そうか、もしもこのトラブルが起こったら、このカードに書いてあるところに電話しよう」と肝に銘じながら貼っておくのとでは、消費者の心への刻み込まれ方が違います。

限られたエリアでの広告であれば、Ｗｅｂでのリスティング広告よりもよほど高い費用対効果が見込める、中長期的な販促としておすすめします。

SNSの効果を倍増させるキャラクタープロモーション

食 売 美
学 治 エ
住 リ 不
士 ア 生

CMや商品にキャラクターを使用している企業は昔も今もたくさんあり、中には商品のPRという枠を越えて愛されているキャラクターも多く存在しています。

さらに今は、くまモンやふなっしーなど「ゆるキャラ」を使用した町おこしが流行っています。いえ、それ自体はずいぶんと昔からありましたが、ここ数年ヒットが続いたことによって見直されてきているようですね。

さて、キャラクターを使用したプロモーションというと、なんだか大手企業だけが実施できる特別な施策のように感じるかもしれませんが、むしろ、中小企業こそ積極的に実践すべき施策だと私は考えます。

基本的に、キャラクターを使用するのは、ブランドの認知度と愛着を高めるためです。人気のあるアイドルをCMに起用するのも同様です。「企業」という、至極わかりにくいイメージのものをキャラクターに置き換えることで、親しみやすさを演出しています。ですから、**認知度とブランドイメージのない中小企業こそ、キャラクタープロモーションを**

成功させれば一気に認知度をアップさせることができるのです。

現在は日本のアニメやマンガなどのサブカルチャーが力をつけ、アニメ映画が空前の大ヒットを飛ばすような時代になりました。その影響があってか、若い方々を中心に、自作のイラストを描いてインターネット上で発表している方も増えています。

キャラクターを制作するにあたり、プロのイラストレーターやキャラクターデザイナーに依頼するとかなりの費用がかかりますが、比較的安価に請け負ってもらうには、ランサーズやクラウドワークスといったお仕事依頼サイトを利用するのも良いでしょう。**近隣の大学や専門学校に依頼して、そういったサークルとコラボレーションを図るのもひとつの方法**です。

さて、たとえばひとつのキャラクターを生み出したとして、どのように使っていけば良いでしょうか。キャラクターの使用法としてすぐに思い浮かぶのは、ぬいぐるみなどのグッズ販売や、CMなど、お金のかかりそうなものばかりでしょう。とはいえ、パンフレットなどの印刷物の片隅にちょこんと載せるのでは、あまりにもったいない使い方です。

実際には、お金をかけない効果的なキャラクタープロモーションの方法はあります。なかでも、最もおすすめなのはWebやSNSでの活用です。

キャラクターは、自社ホームページ、およびSNSで「発信者」の役割を担わせるのに最適です。

企業のSNS利用において、発信者の名義をどうするか、というのは悩ましい問題です。実名ではプライバシーに対するリスクがあり、スタッフ自身が嫌がることもあります。かといって、「店長のSです！」「スタッフです！」ではよそよそしく愛着がわきにくい。それを解決するのが、キャラクターを擬人化し発信者とすることです。**キャラクターを発信者にすれば、スタッフが持ち回りでSNS発信を行っても統一感が崩れることもありません。**さらに、可愛く親しみやすいキャラクターであれば愛着がわきやすくなります。

インターネットの世界は基本的に平面の世界であり、イラストのデータがあれば費用をあまりかけずにキャラクターを活躍させられます。

たとえば、ホームページの店舗紹介やサービス案内などのページに、キャラクターを案内役として出演させてみてはどうでしょう。単調な案内が、ぐっと賑やかなものに変わるはずです。キャラクターを作ったからといって、イベントに着ぐるみで出演したり、売れもしない販促グッズを作ったりする必要などないのです。キャラクターが活躍しやすい時代になったと言えます。

そして、私が今こそキャラクタープロモーションを行うべきだと思う最も大きな理由が、ＳＮＳが動画や美しい画像を重視するようになったことです。インスタグラムが流行し、フォトジェニック（写真映えのする）な画像がもてはやされる時代、ユーザーの心を動かすのは少し遊び心のある画像やコンテンツです。

そこで、ＳＮＳで投稿する画像に、必ずキャラクターを登場させるようにしてはいかがでしょうか。ユーザーにキャラクターが認知されていくにつれ、次はキャラクターが現実の世界とどうかかわってくれるのか、楽しみになっていくに違いありません。このやり方を非常に上手く実践しているのは、プロ野球のオリックス・バファローズを応援するＳＮＳアカウント「バファローズポンタ」でしょう。試合結果に一喜一憂するポンタのイラストが大きな人気を呼んでいます。

キャラクターによるSNS発信を行うために、ぜひおすすめしたいキャラクターグッズがあります。それは、「パペット」です。口をぱくぱくさせて遊ぶ、片手で操れる人形のことです。パペットが一体あれば、キャラクターを実写のシーンに登場させることができ、さまざまなポーズや表情を（制約はありますが）取らせることができます。これだけで、ＳＮＳの表現の幅はぐっと広がりますし、注目度は倍増するに違いありません。

オリジナルのパペットは、おおよそ10万円以下で作れます。イラストをポーズごとに数十パターンも描いてもらうことを考えたら、じゅうぶんに元が取れるはずです。

Part 5

まだまだある！
売れ続ける
仕組みをつくる
販促技

クチコミでヒット商品を確実につくる共同開発キャンペーン

食　売　美　工　住　生

テレビなどでドキュメンタリーを見ていると、たまたまある商品が大ヒットしてひと財産築いた、といったサクセスストーリーが語られることがあります。人通りの少ない路地裏の小さなお店が、連日行列の絶えない状態になる……店舗を運営されている方なら、羨ましい話ですよね。

さて、大ヒット商品をつくるためには、どうしたら良いのでしょうか。

商品開発の考え方として、「プロダクト・アウト（product out）」と「マーケット・イン（market in）」というものがあります。プロダクト・アウトというのは、簡単に言うと「作り手（店舗）の都合」で商品をつくることです。

たとえば、シェフがフランス料理店で修行を積んだことがあるからフレンチのメニューを入れる、夜の宴会需要を取り込みたいから鍋メニューをつくる、といった感じです。

一方のマーケット・インは、「買い手の都合に合わせる」ということです。消費者の好みがヘルシー志向になってきているからサラダメニューを増やす、アルコールを置いてほしいという要望に応えてお酒メニューを扱う、などがこれに当たります。製造業がモノを作れば売れた高度経済成長の時代を過ぎ、消費者の好みが多様化した現代においては、「マーケット・イン」であるべきだと言われます。

しかしながら**最近では、「プロダクト・マーケット・フィット（product-market fit）」という言葉が聞かれるようになってきました。つまり、自社の作りたいものと消費者のニーズが完璧に一致した状態を目指していくべきだ**、ということです。

もちろんこれはあくまでも理想に過ぎませんが、お客さまのニーズに応え、かつ自分たちの強みを発揮して、しっかりと利益にもつなげられる……それが継続できないようであれば、少なくとも大ヒット商品となるには至らないでしょう。

では、どうすべきか。いっそのこと、お客さまと一緒に商品を作ってみてはいかがでしょうか？

つまり「共同開発」です。

共同開発、というと、何やら膨大な時間とお金と手間がかかりそうな気がします。ですが、その規模感はある程度調整できますので心配には及びません。そして何より共同開発は、その時間やお金や手間を上回るメリットにあふれているのです。

まず大きなメリットとして、至極単純ですが「売れやすい」ということがあります。ターゲットとする顧客層が求めるものを作っているわけですから、売れるに決まっている……とまでは断言できませんが、ニーズに合っていることは確かです。ユーザーの声を反映していない商品と比べれば、支持される可能性は高いでしょう。

共同開発をすることによって、自社がターゲットとしている客層に対してしっかりとした信頼関係を築くことができるのも大きなメリットです。

そのお客さまたちにとってあなたは、何度も会い、率直かつ真剣に話し合い、一緒に商品を開発するチームの一員になるからです。そしてさらにあなたはその相手に対して、たくさんの商品やサービスを無料で（開発中のテストメニューとして）提供することになるからです。そんな経験をして、貴社に対して何の愛着も抱かない人などいないでしょう。

彼らは必ず、これから長きにわたってあなたのお店をサポートしてくれる心強いファンになるはずです。

そして、**共同開発した商品やサービスはクチコミを誘発しやすい、爆発力を持った商品になります。**共同開発者たちは、自分たちが開発に携わった商品であることを自慢したいと思うでしょう。また自らも、その商品の熱烈なファンになるに違いありません。共同開発商品はそうやって、彼らそれぞれのコミュニティに拡散していく可能性を秘めています。

商品力があり、一定のファンがついていて、クチコミによる話題性が期待できる。そん

な商品を作れるというだけで、共同開発に取り組んでみる価値が十分にあることがご理解いただけることと思います。

実際に共同開発を行うにあたってはまず、自社のメインターゲット層が誰であるかを明確にしなければなりません。主婦やOLといったカテゴライズだけでは弱いです。もっとローカルな想像をしてください。「○○小学校に子どもを通わせている主婦」、「駅前の××ビルに勤めているOL」、「△△団地に住んでいる人」などです。

ターゲットが決まれば、いよいよ共同開発を依頼します。この協力を取りつけるところまでの折衝が最も大変です。協力を依頼したい相手が会社員や学生であれば、会社や学校に許可を取らなければならないケースもあります。簡単な趣意書、提案書のようなものを作成しておくとスムーズに運ぶことが多いので、用意しておくようにしましょう。

共同開発者たちを一堂に集め、現在の商品を試してもらいながら意見をもらい、新商品の開発に活かしていきます。彼らの意見をなるべく尊重しつつ、自社の意向も相手にしっかりと伝えることで「プロダクト・マーケット・フィット」に近づくのですから、お客さまだからといって取り繕うのは禁物です。

忌憚《きたん》のない意見がもらえるよう、信頼関係づくりを忘れずに取り組めば、必ずヒット商品にたどり着くことでしょう。

共同開発キャンペーンの事例

私が携わった共同開発の事例で最もヒットしたのは、あるホテルのレストランで行った「レディースメニュー」の開発でした。近隣のオフィスビル（いわゆる新都心というエリアで、大手企業の本社がひしめいていました）から女性社員を数名ずつ招き、「ＯＬと共同開発したメニュー」として売り出そうというものです。

実際に提供しているディナーコースを試食してもらいながら意見を伺っていきます。ＯＬの皆さんも、最初は遠慮がちに「このままで、とっても美味しいです！」などとおっしゃっていました。共同開発では、相手との信頼関係ができていない状態だとこのような反応になってしまいます。面と向かって料理人に文句や批判を言える人は少ないものです。

ところが、**「どんなメニューが食べたいですか？」「量はどうでしょう？」「これがあれば嬉しいというものはありますか？」と質問していくと、さまざまな要望が出てきました。**

「フォアグラと、オマール海老と、フィレステーキが食べたいです！」

「価格は５０００円も出したくありません！」

「お腹いっぱいになっちゃうから、ちょっとずつで良いので品数を多くしてください！」

「でもデザートは別腹なので、いくつか選べるようにしてください！」

出るわ出るわ、思わずホテルのご担当者も頭を抱えるようなリクエストの数々。それに何とか応えようといろいろなアレンジで試行錯誤し、最終的になんとか予算内に抑えてみせた料理長の手腕は流石《さすが》でした。

全部で3回ほど足を運んでもらい、そのたびに意見を反映して改良を加えながら完成した「レディースメニュー」。

ホテルの期間限定ディナーは1ヵ月で数十食売れればヒットと言われていたそのホテルで、このレディースメニューはわずか2週間で600食を売り上げる大ヒットメニューとなりました。もちろん、協力者たちの勤める近隣企業からOLさんたちが大挙して押し寄せたのは言うまでもありません。

実施にあたってのポイント

共同開発の途中経過を、ポスターやSNSなどを通じて周囲に見せていくことで、クチコミをさらに高めることができます。 協力者以外のターゲットたちは、「自分が喜びそうな商品を今作っているんだ。同じ境遇の人が欲しがるような商品を作っているのだから、きっと私も気に入るに違いない」と期待を高めてくれるでしょう。

街じゅうをジャックする街角テンポラリー看板

東京・汐留にある「アド・ミュージアム」という資料館では、広告やマーケティングについての資料が展示されています。ポスターやCM映像など、昔懐かしいものから最新のデザインまでが時系列を追って網羅されており、私のような職業の人間にとっては夢のような施設です。

そのアド・ミュージアムの展示で、最初に出てくるのは「看板」です。世界でも日本においても、最古の広告は看板であったそうです。たとえシンプルに店名だけを書いてあったものでも、お店の場所と業態を遠くからでも知らしめ、呼び込む手段であったのですから、広告には違いありません。

今はデジタル・サイネージ（電子モニター看板）がずいぶんと増えてきましたが、通常の看板もまだまだ健在です。

特に、**看板は遠くからでも強制的に目に入ってくるため、人口密度の高いエリア（渋谷のスクランブル交差点など）では何より優れたメディアとなります。**

食 学 住 士
売 治 リ ア
美 工 不 生

もうひとつ、看板の効果が高まる条件として、「連貼《れんば》り」という手法があります。同じ看板を何枚も並べる貼り方で、電車内の中吊り広告などでよく見られます。単純接触効果という言葉を遣いますが、私たち人間は何度も目にするものを「好き」と認識するという習性があります。見れば見るほど好きになっていくのです。

さらに連貼りは、大量の枚数で行うことによって「ジャック感」を出すことができます。外装をひとつの広告でラッピングされた電車やバス、もしくは同じ広告で車内が統一された電車などを見たことがあるでしょうか。

ひとつの広告で一定のエリアをジャックすることで、何かもの凄い大イベントが起こっているように見せることができます。そうしたワクワク感は人を惹きつけてやまないのです。「街角テンポラリー看板」は、こうした効果を狙い、ひとつの街に大量の看板を投下することで、一気に認知度を向上させてしまおうというものです。当然、街じゅうをジャックしてしまうわけですから、あちこちで話題になるはずです。新店舗のオープン時などであれば、期待感を高めることができます。

ただ、ひとくちに「街じゅうをジャックする」と言っても、すべての貸看板を借り上げるような真似をしようとすれば、お金がいくらあっても足りませんし、そう都合よくスペースが空いていないでしょう。そこで、**通常看板スペースとして使われていない場所を**

利用するのです。それは、民家や個人商店の「壁」です。

住宅街を歩いてみると、意外に小さな看板が点在していることに気づきます。政党や市議のポスター、地域のカルチャーサークルのポスター、それから「ピースボート」。それらがすべて、あるひとつの店舗のオープン広告に変わったらどうでしょうか。数十メートル歩くたびに同じポスターを目にする、それが街じゅうにあふれている……おそらく、その光景を見た人はこう考えるはずです。

「きっとこのお店は、この街の主役になるようなすごいお店に違いない」

街角テンポラリー看板を、マンションのモデルルームで実施したケースがあります。建設予定地の近隣、徒歩数分の圏内でポスターが数十ヵ所に貼られ、住民たちはいやが上にもその存在を知らされました。

パパは通勤の途中に、ママは買い物に出かけるたびに、そのポスターを何枚も見ることになります。食卓の話題にも上る可能性もぐっと高くなるでしょう。実際に、エリア内からの来場者数はかなり好調に推移しました。

さて、どうやって街じゅうの民家の壁にポスターを貼って回るのかというと、方法は簡単、一軒ずつ交渉するのです。

「今度、○月×日に駅前にオープンする△△なのですが、宜しければオープン時の1ヵ月だけ、壁にポスターを貼らせていただきたいのです。もし快いお返事をいただけるのでしたら、ささやかですが謝礼をお支払いしたいと思います。定期的に見回りをしてメンテナンスしますし、1ヵ月後に必ず剝がしに伺います。もちろん1ヵ月経った直後に剝がしていただいても結構です」

このような交渉を行い、スプレーのりなどを使用してポスターを貼っていきます。謝礼は数千円程度、多くても5000円くらいが相場だと思います。

約束の通り、1ヵ月のうちに一度か二度は見回りを行い、剝がれていたり汚れていたりした場合は交換します。そして、1ヵ月後に撤去します。

1ヵ月という期間限定の看板なので、「テンポラリー（一時的な）看板」と名づけています。

同様な手法に「捨て看板（電柱に巻きつけたり、立てかけたりする違法な看板）」がありますが、私有地に許可を得て掲出している街角テンポラリー看板の場合は、違法ではありません。

街角テンポラリー看板を実施するためには、ある程度の根気と営業力が必要になります。さらにメンテナンスの労力もかかります。ですが、**お金をかけないなら汗をかく、というのは「ファスト販促」の鉄則**です。

ターゲットの生活圏に広告をあふれさせる店舗渉外

食 売 美 学 治 エ 住 リ 不 士 ア 生

狭いエリアを一時的に広告で埋め尽くす方法として、「街角テンポラリー看板」という販促手法をご紹介しました。街角テンポラリー看板は、とにかく掲出スペースが広いことで目を引きやすいため、話題性を高めやすいのが特徴です。オープン告知などに向いていると言えます。

逆に、もう少しターゲットを絞りたい、告知よりも直接的な反響を狙いたい……という場合に、「街角テンポラリー看板」と似た手法ですが、実施できる販促手法があります。それが「店舗渉外」です。

店舗渉外とはその名の通り、近隣の店舗に交渉することです。何を交渉するのかといえば、「貴社のチラシやパンフレットを、その店舗のどこかに設置していただくこと」です。まさに「街角テンポラリー看板」のパンフレット版と言えますが、わざわざ別のセクションでご紹介するのには理由があります。手法は似ていますが、その効果範囲が大きく異なるのです。

パンフレットは、持ち帰ることができます。つまり、クーポンなどの特典をつけたり、時間をかけてじっくり読んでいただきたい内容を掲載したりするのに向いています。

通常のパンフレットはもちろんのこと、本書で紹介した「綴りクーポン」、情報誌としての「啓蒙かわら版」、それから読み物という意味では「漫画チラシ」「小説チラシ」との相性は抜群です。

店舗渉外の「持って帰れる」という特性を、最大限に活かした事例があります。「ホットペッパー」などの設置型クーポン情報誌です。

ホットペッパーは、それまで新聞折込やポスティングが主流であったフリーペーパー業界にあって、本気で「設置型」の流通方法にチャレンジしました。フリーペーパーは基本的にすべての費用を広告掲載料でまかないます。

ですから広告主の獲得が最優先事項なのですが、彼らは顧客獲得と同じくらい真剣に「設置場所」の獲得に取り組みました。そして専用のフリーペーパーラックを用意し、定期的なメンテナンスを行って徹底的にスペースの管理を行ったのです。その結果、そのエリアでちょっと大きめの店舗に行けば必ずホットペッパーを見つけることができる、という状態を作り出すことに成功しました。

クーポン文化を短期間で根づかせることができたのは、この「店舗設置」にこそあったのだと私は思います。

店舗渉外の最大のメリットは、自社のターゲット層の「生活圏」に潜り込めるということです。たとえば主婦層がターゲットならば、スーパーマーケットやクリーニング店、美容室など。若年層がターゲットならば、ゲームセンターやカラオケ店、カフェや居酒屋などが当てはまるでしょう。

彼らが普通に生活しているシーンを思い浮かべれば、どこに設置するのが効果的か想像しやすいと思います。その生活ルートに合わせて広告を配置することができれば、かなりの高確率で視認してもらえるはずです。

実際に近隣の店舗に設置をお願いする場合、交渉を成功させるためにはいくつかのポイントがあります。

まず、パンフレットラックを用意しておく必要があります。パンフレットラックは店舗用品屋さんや百円ショップ、インターネットの事務用品注文サイトなどで入手可能です。クーポン情報誌のような大きなラックを置かせてくれる店舗はずいぶん少なくなりましたので、今は小さなラックもしくは直置きが主流です。

それと、店舗の一角を借りるわけですから、店長の裁量権に成功率が左右されます。つまり、**個人経営の店舗のほうがチェーン店と比べて交渉の成功率が高いです。**また、店長の判断次第で成否が変わることがありますので、**「このチラシは単なる広告ではなく、うちに来ているお客さまの役に立つものだ」という認識を持っていただけると成功率が上がります。**そのためには、広告にティッシュなどの販促品をつける、読み物のような体裁にする、クーポンを全面に押し出した構成にする、などが有効です。

私の知る限りでは、カラオケ店、ゲームセンター、美容室、カルチャースクール、学習塾などで幅広くこの「店舗渉外」が使用されています。

ちょっと変わったところでは、私はある介護施設の「求人」でこの店舗渉外を活用したこともあります。年齢層の高い主婦をターゲットとした求人で、かつ応募のほとんどが自転車圏内に集中していたため、近隣のクリーニング店や個人経営の喫茶店、惣菜店などに求人チラシを設置したのです。

求人もありましたが、利用の依頼もあったのには驚きました。さらに、**フリーマガジンのような体裁を採ることで、真正面からの広告設置依頼が難しそうな業態であっても「お客さまの役に立つ情報誌」として設置してもらえる可能性**があります。

「街角テンポラリー看板」と異なり、店舗渉外の場合は、実は設置料を払わなくても内容次第で交渉が成立するケースが多いです。どういった内容ならば置かせてもらえそうか、事前に近隣の店舗に聞いてまわってみるのも良いかもしれません。

店舗渉外の事例

若者向けのレストランチェーンの入口（風除室）に、ホテルのブライダルフェアの広告を設置したことがあります。ほとんどのカップルの場合、結婚式場を探すのはプロポーズを済ませて婚約した直後のたった1～2ヵ月。街を歩いている男女のうち、どのカップルが今まさにプロポーズをしたばかりなのか、なんて神のみぞ知ることでしょう。ブライダルの新規顧客を獲得するのは非常に難しいものです。

そこで、興味のある人だけに手に取ってもらえる設置型メディアが最適だと考えたのです。レストランの入口には、求人誌やフリーペーパーなどが設置されていることが多いので、広告もブライダル情報誌のようなデザインにしました。ブライダルに興味のある人にだけ目に留まるようにしたのです。

ホテルのブライダルであれば、商圏が広いのでレストランチェーンでも実施できますが、実際にはもっと狭域、区や町といったレベルで実施したい場合が多いことでしょう。

そういったケースでは、民間学童保育の施設で店舗渉外を実施したことがあります。学童保育というのは、主に小学生を対象として放課後に子どもを預かる施設です。子どもはそんなに遠い距離を歩けませんから、つまり「学区内」がおおよそのターゲットになります。これだけ商圏が狭いうえに、その中でも小学生以下の子どもを持っている世帯に絞られてしまうのです。ローラー作戦でひとつひとつの家庭にしっかりと伝えていかなければ、たちまち経営が立ち行かなくなってしまいます。

狭いエリアやターゲットは、フリーペーパーやWebが苦手とする部分です。そういった場合には、**店舗渉外や街角テンポラリー看板を利用して地道に認知度を稼いでいく草の根活動こそが、短期的にも、中長期的にも重要**なのです。

実施にあたってのポイント

一部のチェーン店などでは、こういった「店舗で他店の広告を配ったり設置したりするサービス」をメニューとして確立させているところがあります。「ルートサンプリング」「ルートメディア」「インストアメディア」「同封同梱」といったキーワードで検索すると、意外とたくさんの店舗がこういった取り組みをしていることがわかります。こういった仕組みを利用すると、「渉外」の窓口がひとつで済むため非常に簡単に実施できます。その代わり、相当の金額がかかったり範囲が広くなってしまったりといったデメリットもありますので、それぞれの料金体系やエリア、配布条件などをしっかり比較して確認しましょう。

自分の店舗がお客さまの「ホーム」になるアイドルスペース活用

食 売 学 住 り 不 生

泊りがけの旅行に出かけて、家に帰ってきたときに「やっぱり自分の家が一番だな」とつぶやいてしまった、という経験が誰にもあるのではないでしょうか。やっぱり慣れ親しんだ場所というのは安心するものですよね。

同じように、私たちはお店にも「ホーム」と「アウェイ」を感じます。行きつけのお店や、なんとなくホッとする雰囲気のお店を自分の居場所だと感じ、はじめて行くお店、ちょっと敷居が高くて緊張するお店ではなんだか落ち着かないものです。

もしも、**お客さまに自分の店舗を「ホーム」と感じていただくことができたら、その関係性は強固なものになるでしょう。**そのお客さまとは、単なるリピーター以上の信頼関係を構築できていることになります。「ここに来るとほっとする」「自分の居場所だと感じる」と感じていただけるなんて、店舗オーナー冥利につきますよね。

ですが、そこに至るまでの道のりはなかなか簡単ではありません。何度も通っていただき、長い時間をかけて信頼関係を築いていかなくてはならないのです。

ただ、その道のりをショートカットする方法があります。**自分の店舗の「時間」や「スペース」を、お客さまに開放することです。**

SNSをやっている方なら、世の中にはいかに多くのイベントやセミナーがあふれているかを実感されていることでしょう。SNSの流行は、人と人とがつながり、集まることを容易にしました。それによって、誰もが気軽にイベントやセミナーを企画できるようになったのです。大々的なイベントでなく、ちょっとした同好会程度の集まりであれば、今やどこでも開かれています。

ですが、実際のところ、このような集まりを開催するために最も困るのが、場所の問題です。

プロジェクタを使用したい、スクール形式のレイアウトでイベントを開催したいなど、小さな希望を叶えようとすればするほど、適したスペースは大人数向けの広い会場しかなく、一人あたり単価も高くなってしまう傾向にあります。私自身も、学生支援のイベントやショートプレゼンのイベントを開催することがあるのですが、会場の選定にはいつも頭を悩ませています。

そこで、あなたの店舗の出番です。この時間だったら、このスペースだったら……という条件付きで、無料または格安で提供しても良いという場所はないでしょうか。

どうにかして坪効率（坪当たり売上）を上げていかなければと苦心している最中に、何を言っているのかと思われるかもしれません。もちろん、これは販促のためです。自社の商品を無料お試しさせてノベルティ（販促品）として活用するのと同様に、時間やスペースをノベルティにしようということです。

主催者たちは何度もその場所を利用し、店名を告知し、毎回いろいろな参加者を連れてきてくれます。本来、来るはずのない方が来てくれるというだけでも十分な効果であると言えますが、本当の効果はそこではありません。

イベントやセミナーの主催者・参加者たちは、スペースを提供した時点でその場所を「店舗（利用者としてお金を払うところ）」ではなく「会場（自分のイベントを行う場所）」として認識します。

つまり、彼らにとっての「ホーム」になるのです。

使い勝手の良い場所、楽しい時間を共有する場所、ちょっとした融通を利かせてくれる場所。**イベント主催者というのはある意味、積極的に発信を行うインフルエンサー（周囲に影響力を持った人）です。そうした人々と、その周りにいる人々をまとめて貴店のファンにすることができるのです。**

だからこそ、「いつ、誰にスペースを提供するのか」についてはこだわっていただきたいと思います。そこで私のおすすめは、「イベント主催者に条件をつけること」です。たとえば、「市内在住の方限定」「子育て中のママ限定」「ペットに関するイベント限定」とすることで、誰も彼もというわけではなくなり、ターゲットが明確化されます。

ここで設定すべきターゲットとは、店舗にとっての本当のターゲットに他なりません。主婦がターゲットであれば主婦が、シニアがターゲットであればシニアが集まるように（あくまで緩く）条件を設定することで、上手にターゲット層を囲い込むことができるようになります。

また、セールス目的のセミナーなど、かえって印象を下げてしまうようなイベントは排除したほうが良いでしょう。

私の担当したお客さまでは、葬儀場や介護施設など、アイドルスペースを持っているところがスペースを地域のコミュニティに貸し出し、良好な関係を構築しています。また、ゲームやCDを扱うショップなどで店内の一部にテーブルとイスを設け、子どもたちに人気のカードバトルゲームを行うスペースとして提供している例もあります。

まさに子どもたちにとっての秘密基地のように、彼らの「居場所」になることに成功しています。

お客さまの不安を消し去るパンフレット動画

食売美 学治エ 住リ不 士ア生

これまで私が担当させていただいた小さな店舗や企業の中には、独自の商品やサービスでお客さまの支持を得ているところがたくさんあります。むしろ、オリジナリティと人間味あるホスピタリティにあふれているという点では、チェーンストアよりもサービスの質が高いのではと思えるところも多いです。

そういった店舗の方々は、口を揃えてこうおっしゃいます。

「たった一度でいいんです。一度来ていただいて、うちを見ていただければ絶対に気に入っていただけると思います」

商品やサービスに自信があるからこそ、そうおっしゃるのだと思います。私も、きっとそれは正しいだろうと思います。どちらも素晴らしい店舗ばかりです。

ですが、**残念なことに、新規来店・新規利用を獲得することはそう簡単ではありません。その「たった一度」のハードルがどれほど高いことか、**店舗や企業を運営されている皆さんは身に沁みて感じておられることと思います。

そのハードルの中身は何でしょうか。一言で表せば、それは「未知なるものへの不安」です。食べたことのないもの、体験したことのないサービス、行ったことのない場所、会ったことのない人。それらの品質がまったくわからない状態で、お金を払うことを決めるには勇気が必要です。

その点で、ロードサイド店や通りに面したビルの一階に店舗を構えていることは有利に働きます。外から店舗の中を覗くことができ、ある程度サービスの想像ができるからです。逆に、通りから中が見えない場合は不安が増してしまいます。

消費者は常に些細な事柄に不安を感じてしまうものです。暗い階段や急な階段は不安です。そもそも階段は面倒であり、エレベーターの有無が客数に影響します。入口の扉がガラス張りかそうでないかも重要です。先の見えない、重い鉄の扉を開けるのは非常に勇気のいることです。

そこで、動画を利用してみてはいかがでしょうか。

写真や文章と比べ、動画はより生の臨場感を届けられるというメリットがあります。音や動き、光によって、文章や写真にはない表現ができ、対象が人であれば声のトーンや口調、しぐさなどで細やかな雰囲気を伝えることができます。**まだ来たことのない人に貴店の魅力を知っていただくために、来たのと同じくらいの臨場感を持った「動画」を活用す**

るのです。

動画は、ひと昔前までは制作費が非常に高く、ちょっとしたものでも数十万円は下らないという相場でした。しかし、今やスマートフォンの動画と編集アプリでもそれなりのクオリティのものが作れる時代です。これを使わない手はありません。

まず、**店頭に看板を出しているなら、看板に店内の様子を動画で流してみてはいかがでしょうか。モニターを内蔵したスタンド看板も、動画の普及に伴って随分と安くなりました。**店舗が1階でないのならば、絶対に実施すべき基本の販促だと思います。

また、家事代行やペットシッター、カビ取りなどの訪問型ホームケアサービスも動画を使うべきです。

見知らぬ人を自宅に上げるというのは、やはり店舗を訪れるのと同様、むしろもっと大きな不安を感じるものです。どんな人が来て、どんなサービスをしてくれるのか、文章や画像だけでは完全には不安を払拭できないでしょう。ホームページなどに動画をアップロードしておくだけで、信頼感が高まります。

ですが、私が最も動画を使ってほしいのは「営業」のシーンです。営業担当者がユーザーのところへ訪問して営業から契約までを行い、商品やサービスは後日改めて提供されるタイプの業態です。食材宅配、引っ越し、リフォーム、不動産売買、保険などが含まれるでしょうか。

営業マンは通常、パンフレットなどで資料説明を行うものです。そのほうが簡単だからです。基本的に、営業マンはトークが命。静止しているパンフレットを見せながら口で説明していくというスタイルが、自分でペースをコントロールできるぶん、かえってやりやすいということもあるでしょう。

しかし、相手の理解度という点で言えば、動画に軍配が上がります。よほど信頼されていない限り、営業マンはユーザーに「売り込みに来た人」という目で見られてしまいます。ですから、どんなに魅力的な話をしても「話半分」として、疑念を持って捉えられてしまいます。ですが、動画が伝えるのは客観的な事実（に見えるもの）です。**サービスに満足している他のユーザーのインタビューを見たり、実際の商品やサービスを利用しているシーンを見せることは、ユーザーの安心感を得るために大きな役割を果たすでしょう。**

まさに、百聞は一見にしかず。たった一度見てもらいたいのであれば、先に見せてしまえばいいのです。

動画を、パンフレットの代わりに営業ツールとして利用することは、次第に当たり前になってくるでしょう。いち早く取り入れられれば、いち早くその恩恵にあずかれます。

販促品の効果を倍増させるストーリーノベルティ

食売美学治工住リ不士ア生

昔は、ガソリンスタンドで給油してくれたお客さまにボックスティッシュやトイレットペーパーを配っているのをよく見かけました。今ももちろんあるようですが、めっきり減ったように思います。

モノを配れば人が来るなんて簡単な販促が通用する時代は終わった、価格戦略ではなく魅力でお客さまを集めるべきだ、という論調には納得ですが、個人的には私は、もう一度「モノ」が見直される時代が来るのではないかと思っています。

バラマキが通用しなくなったのは、経済が豊かになり、消費者の好みが多様化したからだと言われていますが、これから一転、**日本経済が緩やかにシュリンクしていき、若者層の経済力が落ち込んできている現状を見ると、そういった時代こそ「モノ」の力が響く**のではと思うのです。もちろんただのバラマキではなく、そこには何かしらの「ストーリー」が必要になるでしょう。モノをもらうのにも、建前がいるというわけです。

よく私は「ノベルティ（販促品）を作ろうと思うのですが、何がいいと思いますか」というご相談を受けます。もちろん、用途やターゲットによって回答は異なるのですが、特におすすめのものがありますのでご紹介したいと思います。

それは、「お米」です。

理由はいくつかあります。第一に、「重い」ということ。舌切り雀のお話ではありませんが、**人間は小さなものよりは大きなもの、かさばるものをもらいたいと思う**傾向にあります。持ち運びが面倒？　いいえ、その点は問題ではありません。

持ち運びづらいものを寄越したからといって貴社の評価が下がることはないのです。それよりも、大きなものをもらったことによる「獲得感」のほうがはるかに有用です。逆に、掌に収まるようなサイズの小さなノベルティは、高価なものであっても「しょぼい」と感じてしまうのです。ノベルティでボックスティッシュやトイレットペーパーが人気なのはそのためです。

第二に、「日本人でお米を消費しない人はほとんどいない」ということです。現在は糖質制限ダイエットなどが流行っていることで白飯をまったく食べないという人もいるにはいると思いますが、そもそも白飯が嫌いだという人を私は聞いたことがありません。

お米は、渡されて困るものでは決してなく、むしろ頻度高く消費される消費財であると言えます。実際の事例ですが、「お米をプレゼント」という企画を行ったところ、開店前から長蛇の列が出来たことがありました。お米は皆にとって必要なものなのだと感じた経験です。

そして第三に、これが本筋なのですが、お米は「ストーリー」を作りやすいということです。たとえば、結婚式で新婦が育ててくれた両親に「自分が生まれたときの体重と同じ重さのぬいぐるみ」をプレゼントすることがあります。「ウェイトベア」と呼ぶそうですが、これこそプレゼントにストーリーがある好例でしょう。

「タダほど高いものはない」「うまい話には裏がある」というように、広告や販促品は常に警戒される運命にあります。

無料でこんな良いものをくれるなんて、裏があるに違いない。私をおびき寄せて、もっと高額な商品を売りつけようとしているのではないだろうか……私たちはそう考え、釣られまいとして広告を敬遠します。

実際のところ、もちろん販促品ですから、販促のために配っているのです。販促品の原価よりももっと高い商品を買ってもらわなければなりません。しかしながら、消費者の警戒心を解くためには狼の牙を隠し、羊の皮を被る必要があります。そのために、販促品を「ストーリー」でコーティングしてやるのです。

日本人にとってお米とは生活の象徴であり、生命の象徴であり、自然の象徴であり、郷

土愛の象徴でもあります。そう考えると、ほとんどの業態で何らかのつながりを見出すことができる、懐の深いノベルティだと言えます。「くらし応援キャンペーン」でも、「すくすく子育て応援企業宣言」でも、「自然の恵みに感謝します」でも、「地域活性化を応援します」でも良いのです。とにかく、企業のテーマと何か合致していることが重要です。

もちろん、お米でなくても結構です。ノベルティを選ぶ際に最も重視すべきなのは、「消費者が欲しがりそうなもの」ではなく、『自社の在庫が余っているもの』でもありません。企業姿勢が最も伝わりそうなものを選ぶのが、これからの販促品の基準になると思います。**企業のメッセージが先にあり、それを表現するための手段として展開できるものであれば、何でも販促品になり得ます。**

企業を象徴するようなモノは何でしょうか。貴社の魅力を、家に帰ってからも感じていただくとしたら、何を渡せば良いでしょう。メインターゲット層と貴社をつないでいるのはどういう価値観で、それを表せるような商品は何ですか?

消費者は納得さえできれば、販促品を受け取り、次のアクションを起こしてくれます。「販促品を配ったこともあるけれど、集客や売上につなげることができなかったからやめてしまった」という経験のある方は、もう一度チャレンジしてみてはいかがでしょうか。

おわりに

本書を最後までお読みいただき、ありがとうございました。

まずはこの場をお借りして、本書の出版にあたってお力をお貸しくださった糸井さん、私の遅筆にお付き合いいただいた現代書林の松島さん、そしていつも私の仕事を支えてくれているスカイプレジャー株式会社のメンバーたちと愛する家族に、心から感謝の言葉を申し上げます。

書店でプロモーションの本を眺めてみれば、そこに並んでいるのは大企業のプロモーションやブランディングに携わってこられた著名な方ばかりです。

私は、誰もが憧れるアートディレクターやマーケッターというわけではありません。主に中小企業の販促やデザイン、ブランドづくりを仕事としています。正直なところ、私のような仕事の規模感では読者の皆さまにお伝えできることなどないのでは、と考えていました。

しかし、前述の糸井さんとお会いし、お話しするうちに、予算の限られたなかで何とか効果を出したいと頑張っている企業や店舗の方々のためには、私の行ってきた手法こそが本当に役に立てるのだと気づかされました。

今でも私は、仕事で地方の商店街を訪れるたびに痛感します。シャッターの閉まった店舗、古びたアーケードでひっそりと客を待っている店舗、さびれた定食屋で食べた昼食が意外なほど（失礼ですが）美味しかったり、そこの店員さんの接客と笑顔が最高だったりといったひとつひとつの風景と経験に、「この街に足りないのは、販促だ」と強く思わされるのです。

本書で紹介した手法は、奇をてらったようなものも、もしくは逆に何の変哲もないようなものもあったと思います。

ですが、これらの手法は「販促の反則技」でありながら、どれも販促の本質をしっかりと持っているのです。

それは、楽しさや興味、冒険心、ときには恐れといった「人の心の動き」に向き合っているという点です。どうしたら人は心が動くのか、それを考え抜くのもまた、人の思考です。その真剣さこそが人を動かすのだと私は信じています。

私はそのことに思い至るたびに、あるプレゼンを思い出します。ある企業の幹部たち十数人が居並ぶ会議室で、私は緊張で喉をからからにしながら喋っていました。ひと通り私の発表を聴いたあと、役員の方がおもむろに口を開きました。

「君の会社の強みは何だい？　私たちが君に依頼するとしたら、その理由は何だ？」

私は、競合他社が私の会社よりも規模の大きい強敵であることを知っていました。極度の緊張の中、私の口を突いて出た言葉はまさに販促の真理だったと思います。

「私は他の会社よりも貴社のことが大好きなので、貴社のために本気で考え抜きます」

世の中も、販促をめぐる状況も、日進月歩で変わり続けています。

ですが、人の心を動かしたいと考え抜く販促の真髄は変わりません。

どうか本書の手法をお役立ていただき、地域で愛される店舗・企業としてお客さまの心を動かし続けていただきたいと思います。

２０１７年７月

石橋拓也

小《ちい》さなお店《みせ》・会社《かいしゃ》が一人《ひとり》勝《が》ちできる
お金《かね》をかけない販促《はんそく》の反則技《はんそくわざ》33

2017年9月19日　初版第1刷

著　者――――――石橋拓也《いしばしたくや》
発行者――――――坂本桂一
発行所――――――現代書林
〒162-0053　東京都新宿区原町3-61　桂ビル
TEL／代表　03(3205)8384
振替00140-7-42905
http://www.gendaishorin.co.jp/

カバー・本文デザイン―西垂水敦・坂川朱音(krran)

印刷・製本　㈱シナノパブリッシングプレス
乱丁・落丁本はお取り替えいたします。

定価はカバーに
表示してあります。

ISBN978-4-7745-1662-2　C0034